BLACKBIRD

MATTHIAS BRANDT

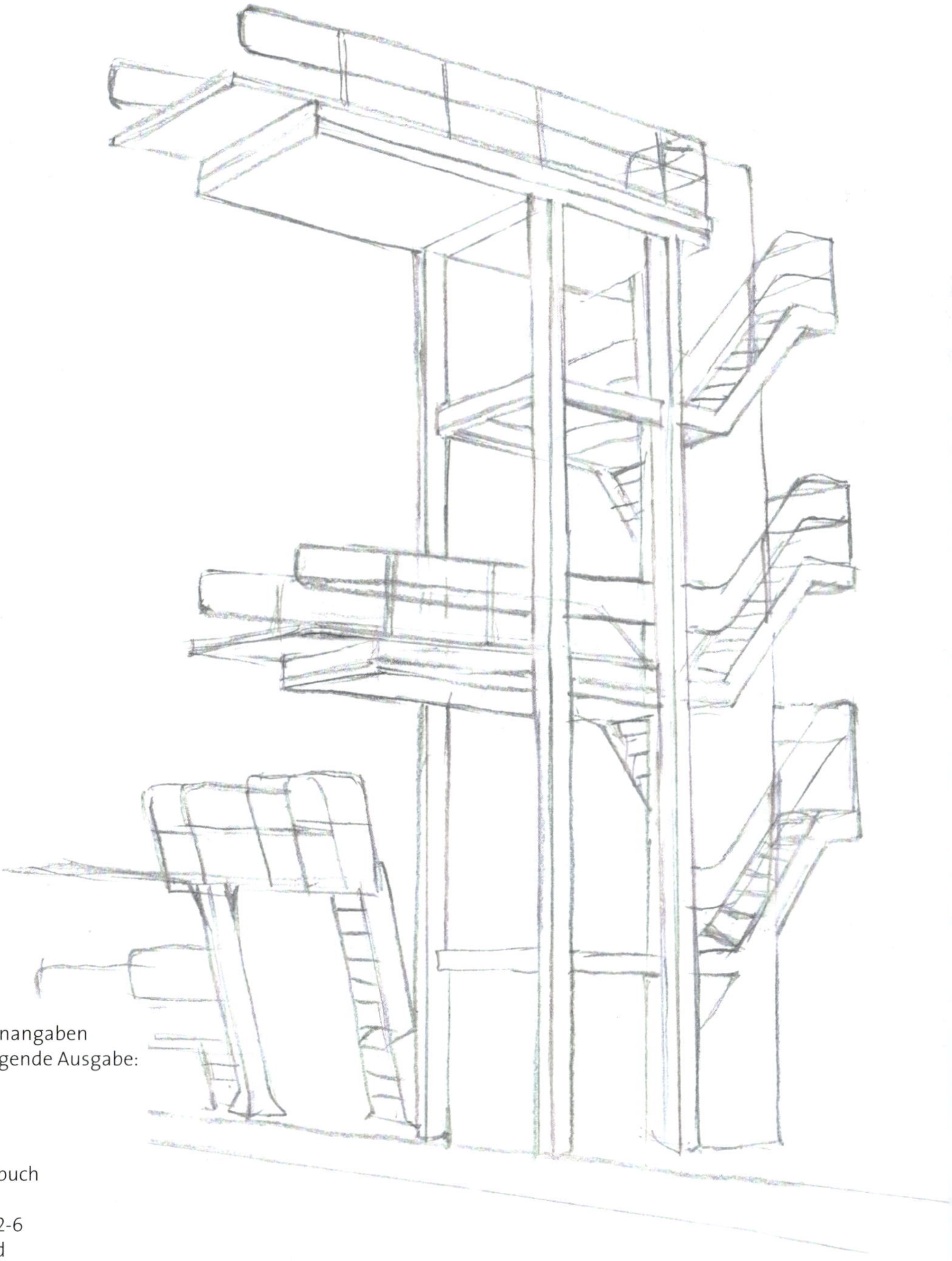

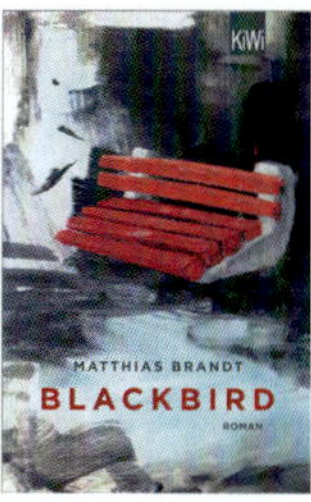

Die Seiten- und Zeilenangaben beziehen sich auf folgende Ausgabe:

Matthias Brandt
Taschenbuch
Blackbird
Verlag: KiWi-Taschenbuch
288 Seiten
ISBN 978-3-462-00142-6
Bestell-Nr. tbBlackbird

Schülerarbeitsheft

Real- und Werkrealschulabschluss

Christel Metzger
Anna Schlichtig

Krapp & Gutknecht

Inhaltsverzeichnis

Symbolerklärung

 **Leseauftrag**

 **Schreibaufgabe**

 **Partnerarbeit**

 **Gruppenarbeit**

 **Internetrecherche**

 **Szenisches Spiel**

Werkrealschule
Für deine Vorbereitung auf den Werkrealschulabschluss nutzt du statt dieser Seiten die Arbeitsblätter im Onlinebereich.

 **Onlinebereich**

Im Onlinebereich findest du ergänzende Materialien:
- Wissen zu den Figuren
- Figurenkonstellation
- Zeilenmesser zum Ausdrucken
- Checklisten
- Arbeitsblätter für den Werkrealschulabschluss

Lerne online:
- Wissentests zu jedem Kapitel des Romans
- Figurenquiz

Scanne den QR-Code oder gib diesen Link im Browser ein (ohne *www.* oder *https://*): **kugverlag.de/s3060**

Vorwort

Liebe Schülerin, lieber Schüler,

es gibt Einschnitte im Leben, da alles aus den Fugen gerät und nichts bleibt, wie es war.

Morten Schumachers ohnehin schon schwierige familiäre Situation gelangt an einen solchen Kipppunkt: Sein bester und langjähriger Freund Manfred Schnellstieg, genannt Bogi, erkrankt lebensgefährlich. Ein dramatisches Ringen mit sich selbst, der krankheitsbedingten Veränderung seines Freundes und dem gleichzeitigen Verliebtsein bringt Motte schließlich an den Rand der Verzweiflung und des Zehnmetterbretts im Schwimmbad.

All das ist nur eine grobe Skizze von elf bewegten und bewegenden Monaten im Alter von 15 bis 16 Jahren. Sie markieren eine Wende im Leben der pubertierenden Hauptfigur in den 70er-Jahren. In einer Zeit des Aufbruchs in der Geschichte des Rock und Pop in viele verschiedene Richtungen gab die Musik der damaligen jungen Generation ein Gefühl von individueller Entfaltung und Freiheit. Du wirst in diesem Zusammenhang auch die Mehrdeutigkeit des Titels des Romans erkennen.

Dieses Arbeitsheft unterstützt dich auf deinem Weg zum tieferen Textverständnis. Es zeigt dir neben der Einordnung vieler Figuren und ihrer Besonderheiten auch inhaltliche Schwerpunkte auf, die dir helfen, die Zusammenhänge klarer zu erfassen. Arbeite mit dem Lesekamm rechts. Schreibaufgaben im Stil des Prüfungsteils A2 der Abschlussprüfungen an Realschulen und Werkrealschulen bereiten dich auf die Anforderungen vor.

Wir wünschen dir den größtmöglichen Erfolg und hoffen aber auch, dass du dich immer gerne an dieses intensive Eintauchen in eine prägende Zeit des Aufbruchs der Jugend erinnern wirst.

Begleite nun den Protagonisten Motte in einer einschneidenden und aufwühlenden Lebensphase.
Auf eine packende, aber immer wieder auch humorvolle Lesereise!

Christel Metzger Anna Schlichtig

Der Lesekamm: Den Textinhalt zu erarbeiten heißt, den Text nach Einzelheiten zu durchkämmen.

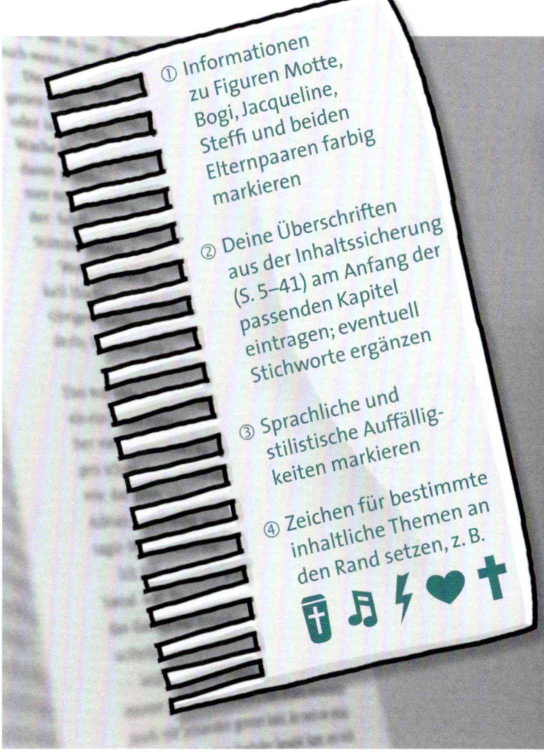

Tipp: Du findest den Zeilenmesser auch zum Ausdrucken im Onlinebereich.

Den Inhalt erschließen und sichern

Annäherung

Aufgabe 1

Betrachte das Titelbild des Romans.
Stelle dir vor, du sitzt auf dieser roten Bank. Was siehst du?

Aufgabe 2

a) Schreibe die ersten fünf Wörter auf, die dir zu *Blackbird* einfallen.

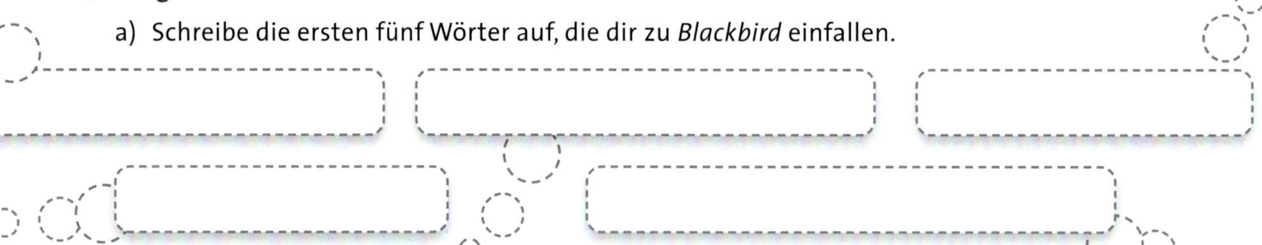

b) Vergleiche mit einem Partner. Habt ihr Wörter gemeinsam?

c) Tauscht euch mit anderen in der Klasse aus. Gibt es hier Gemeinsamkeiten?

Aufgabe 3

Recherchiere im Internet Informationen über den Autor Matthias Brandt.
Notiere hier drei für dich wichtige Aspekte.

Aufgabe 4

a) Lies den Klappentext auf der Rückseite.

b) Was könnte Motte bei diesem Anruf erfahren?

c) Was wäre für dich ein Anruf, der alles verändert?

Der Roman *Blackbird*[1] ist in 17 Kapitel aufgeteilt, die Erarbeitung des Inhalts folgt diesen. Zum besseren Verständnis wirst du zu Beginn jedes Kapitels eine Inhaltskarte ausfüllen. Darin hältst du fest, welche Figuren vorkommen und wo und wann das Geschehen stattfindet.

1 Hiermit ist die Ausgabe des Verlags Kiepenheuer & Witsch von 2021 gemeint.

Kapitel 1 (S. 5–11)

1	2	3	4	5	6	7	8	9	10	11	12	13	14	15	16	17

Äußere Handlung – Inhaltskarte 1

Figuren ☐ Motte ______ weitere Figuren* ______

Orts-/Zeitangaben** ______

______

* Achtung: Hier nur Figuren eintragen, mit denen Motte wirklich in Kontakt tritt oder denen er begegnet.
**Zeitangaben können Datum, Tageszeit, Jahreszeit, Fest- und Feiertage, aber auch eine Zeitdauer sein.

Aufgabe 1

a) Lies das erste Kapitel.

b) Kreuze an.

Der Erzähler der Geschichte ist ein …

☐ auktorialer Erzähler. ☐ personaler Erzähler. ☐ Ich-Erzähler.

Der Roman ist verfasst wie …

☐ ein Tagebuch. ☐ ein innerer Monolog. ☐ ein Drama.

Tipp: Sind dir beim Lesen Wörter unklar, markiere sie in einer bestimmten Farbe und schlage sie nach oder frage Mitschüler, deine Eltern oder deine Lehrkräfte.

Aufgabe 2

Beschreibe die Situation zu Anfang des ersten Kapitels in drei Sätzen. Gehe dabei auf folgende Fragen ein: Welcher Ort wird erwähnt? Was tut Motte? Wie geht es ihm?

______

______

______

Aufgabe 3

WRS

a) Trage auf der ▶ **Figurenseite** (**S. 44**) ein, was du im ersten Kapitel über den Namen, das Alter, Familie und Freunde der Hauptfigur erfährst.

b) Vergleiche mit einem Partner.

c) Findet gemeinsam erste Charaktereigenschaften der Hauptfigur und tragt sie hier ein.

d) Beschreibt die Hauptfigur in einem Satz.

______

______

______

Aufgabe 4

Ordne zu, welche der folgenden Situationen Motte während des Kapitels erlebt und an welche er sich nur erinnert.

Erlebnis | **Erinnerung**

- Bogi ist im Krankenhaus.
- Motte telefoniert mit Bogis Schwester.
- Bogi und Motte kaufen Wein im Supermarkt.
- Das Telefon klingelt.
- Der Nymphensittich sagt: „Coco.“
- Motte spricht mit seinem Vater über dessen Auszug.
- Motte sitzt auf seinem Sitzsack in seinem Zimmer.
- Herr Schnellstieg steht in der Diele und hat seine Hausschuhe an.

Wir erfahren von Motte im Roman auf zwei verschiedene Arten, was geschieht. Diese nennt man **äußere und innere Handlung**. Zur äußeren Handlung gehört alles, was die Figur wirklich tut und sagt – also alles, was sichtbar ist. Zur inneren Handlung gehören ihre Gefühle und Gedanken, ihre Erinnerungen und Stimmungen, also alles, was im Inneren der Person stattfindet.
Vieles, was Motte erzählt, passiert also gerade nicht in der Realität, sondern er erinnert sich nur daran oder denkt es sich nur.

Aufgabe 5

a) Fasse in einem Satz die äußere Handlung des ersten Kapitels zusammen.

b) Nenne drei wichtige Informationen, die du aus der inneren Handlung des ersten Kapitels erhältst.

Aufgabe 6

a) Erläutere, wie Motte über den neuen Wohnort seines Vaters denkt.

b) Was fällt dir bei dieser Aussage an seiner Sprache auf?

c) Warum, denkst du, redet er so?

d) Beschreibe in zwei Sätzen die Gefühlslage, in der sich Motte am Ende des Kapitels befindet.

Überschrift für Kapitel 1:

Wähle eine der vorgegebenen Überschriften oder entwirf eine eigene. Trage sie auch auf S. 5 ins Buch ein.

- **Motte**
- **Der Anruf**
- **Wie alles begann**

Kapitel 2 (S.12–39)

1	**2**	3	4	5	6	7	8	9	10	11	12	13	14	15	16	17

Äußere Handlung – Inhaltskarte 2

Figuren ☐ Motte ____ weitere Figuren ____

Orts-/Zeitangaben ____

____

Aufgabe 1

a) Lies das zweite Kapitel.

b) Im zweiten Kapitel erfährst du mehr über Motte. Ergänze die neuen Informationen über seine Freunde und Familie auf der ▶ **Figurenseite** (S. 44).

Aufgabe 2

Motte erzählt von seiner aktuellen Gefühlslage.

a) Gib in eigenen Worten wieder, wie es ihm geht.

____

____

____

b) Was könnte mit ihm los sein?

____

c) Tausche dich mit einem Partner aus, ob es euch auch schon so ging.

Aufgabe 3

a) Ordne die folgenden Figuren den Gruppen Mottes *Lehrer, Schulkameraden* bzw. *Freunde* zu, indem du sie mit unterschiedlichen Farben markierst. Achtung, vier Figuren können nicht zugeordnet werden.

Dietmar Rosin | Jan Borowka | Ricarda Hummel | Herr Gallenkamp | Merle

Horst Kragler | Frau Schnellstieg | Detlef Walkenhorst | Frau Strobel | Neandertal-Klaus

Manfred Schnellstieg | Ludger Walkenhorst | Herr Schaff | Michael Habel | Udo Mönch

b) Wer sind die vier übriggebliebenen Figuren? Benenne ihre Rolle.

____ ____

____ ____

____ ____

____ ____

Aufgabe 4

a) Benenne die drei Figuren und trage auf den ▶ **Seiten 46 und 47** wichtige Informationen über sie ein.
b) Vergleiche deine Ergebnisse mit einem Partner.

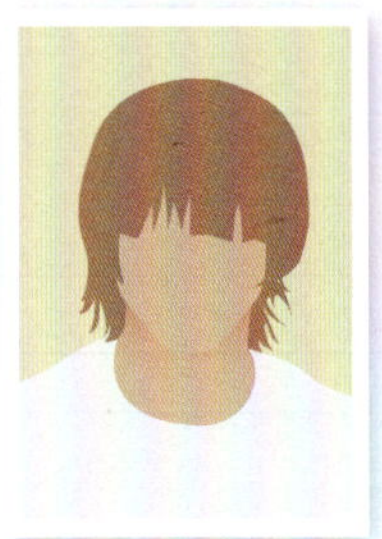

______________________ ______________________ ______________________

Aufgabe 5

Ordne zu, welche der folgenden Situationen Motte während des Kapitels erlebt und an welche er sich nur erinnert.

Erlebnis

- Motte fährt zum Krankenhaus, um Bogi zu besuchen.
- Jan und Bogi lachen zusammen.
- Im Biologieunterricht wird ein Film angeschaut.
- Motte versteht den Pförtner nicht.
- Jan, Walki und Motte spielen Fußball für Bogi.
- Im Sportunterricht passiert ein Unfall.
- Bogi hat Krebs.
- Jan und Walki besuchen Bogi.
- Ricarda kann mit den Füßen schreiben.
- Bogi interessiert sich für Fußball.
- Herr Schaff gibt mit seinem neuen Gürtel an.
- Jans Mutter macht Streichkäsebrote.
- Motte weiß nicht, worüber er mit Bogi reden soll.
- Bogi trägt ein Faschingskostüm.
- Motte und Bogi reden über *Fürze*.

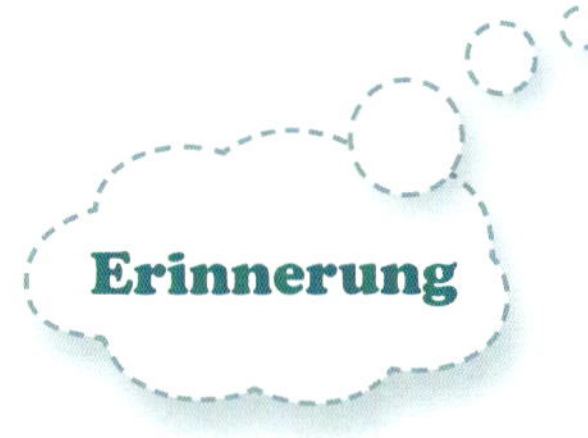

Aufgabe 6

Bogi hat ein Non-Hodgkin-Lymphom. Recherchiere, worum es sich dabei handelt. Erkläre in zwei Sätzen.

____

____

____

Überschrift für Kapitel 2: ______________________

Wähle eine der vorgegebenen Überschriften oder entwirf eine eigene. Trage sie auch auf S. 12 ins Buch ein.

- **Besuch im Krankenhaus**
- **Bogi**
- **Gemischte Gefühle**

Kapitel 3 (S. 40–47)

1	2	3	4	5	6	7	8	9	10	11	12	13	14	15	16	17

Äußere Handlung – Inhaltskarte 3

Figuren ☐ ______________________________
Motte weitere Figuren

Orts-/Zeitangaben ______________________________

____

Aufgabe 1

a) Lies das dritte Kapitel.

b) Bringe die Handlungschritte/Sätze in die richtige Reihenfolge, indem du sie nummerierst. Achtung, ein Satz passt nicht zu Kapitel 3.

☐	Motte wartet am Anleger auf Jacqueline.
☐	Jacqueline ist auf der nächsten Fähre, weil sie zum Tennisspielen in den Stadtpark will.
☐	Motte fährt mit dem Fahrrad Jacqueline hinterher zur Fähre.
☐	Jan und Motte stehen vor der Schule.
☐	Ein Mann spricht Motte an und macht ihm ein unangenehmes Angebot.
☐	Über einen Umweg radelt er zurück zur Fähre und kommt dort verschwitzt und schmutzig an.
☐	Jan stellt Motte Jacqueline vor.
☐	Motte radelt schnell davon.
☐	Jacqueline lächelt Motte an.
☐	Motte schaut ihr zu und muss dann zur Mathenachhilfe.

Aufgabe 2

Mottes Gefühlswelt spielt noch mehr verrückt. Erkläre, warum.

____

____

Aufgabe 3

Ergänze die Fakten, die du über Jacqueline erfährst.

WRS

Name ______________________________

Aussehen ______________________________

Wohnort ______________________________

Schule ______________________________

Hobbys ______________________________

Aufgabe 4

Belege mit vier Zitaten, dass sich Motte zu Jacqueline hingezogen fühlt.

Aufgabe 5

Zwei Wörter kann Motte besser verstehen, seit er Jacqueline das erste Mal gesehen hat.
Nenne diese und gib seine Erklärung für diese Wörter wieder.

Wort:

Erklärung:

Wort:

Erklärung:

Aufgabe 6

a) Ordne zu, welche der folgenden Situationen Motte während des Kapitels erlebt und an welche er sich nur erinnert.

b) Eine Situation erfindet Motte nur. Welche? Markiere sie farbig.

Erlebnis

- Herr Seegler trägt einen grauen Anzug.
- Frau Standfuss erklärt ein Wort im Deutschunterricht.
- Jacqueline lacht Motte an.
- Ein Mann spricht Motte am Anleger an.
- Herr Seegler unterrichtet Warane in Altgriechisch.
- Motte wartet an der Fähre auf Jacqueline.

Erinnerung

c) In diesem Kapitel überwiegen die tatsächlichen Handlungen und Motte schweift nicht so oft mit seinen Gedanken ab. Kannst du dir erklären, warum dies so ist?

Überschrift für Kapitel 3:

Wähle eine der vorgegebenen Überschriften oder entwirf eine eigene. Trage sie auch auf S. 40 ins Buch ein.

- **Warten an der Fähre**
- **Jacqueline Schmiedebach**
- **Herzklopfen**

Im Onlinebereich findest du zu jedem Kapitel ein digitales Quiz.
Liest du gründlich genug? Probiere es aus und teste dein Wissen!

Kapitel 4 (S. 48–66)

1	2	3	4	5	6	7	8	9	10	11	12	13	14	15	16	17

Äußere Handlung – Inhaltskarte 4

Figuren ☐ Motte weitere Figuren

Orts-/Zeitangaben

Aufgabe 1

a) Lies das vierte Kapitel.
b) Vervollständige die Sätze.

Am gleichen Abend trifft Motte im Wohnzimmer auf seinen Vater. Anstatt miteinander zu reden,

Vater und Sohn sind sich die letzten Wochen

Motte will keine Aussprache, er will eigentlich nur

Um der Aussprache zu entgehen,

Mottes Mutter will ständig

Motte möchte dies nicht und

Motte geht es nicht so gut in letzter Zeit, er kann sich nicht mehr einfach nur freuen, weil

Was bedrückt ihn?

Um dem zu entgehen, entscheidet er sich,

Im Wald denkt er

Dabei hat Motte ein schlechtes Gewissen, weil

Wieder zu Hause wird er von seiner Mutter abgefangen, die ihm von

Motte ist nicht interessiert daran, weswegen seine Mutter

Sie werden von den Schornsteinfegern unterbrochen. Motte ist überrascht, weil er

Die Schornsteinfegerin heißt *und sie kennen sich*

Wie verläuft das Gespräch der beiden?

Aufgabe 2

Gib in Stichworten wieder, was du über Mottes Eltern erfährst.

Vater	Mutter

Aufgabe 3

a) Beschreibe Mottes Verhältnis zu seinen Eltern.

b) Was ist der Grund für dieses Verhältnis?

c) Wie geht es Motte damit?

Aufgabe 4

Kreuze an, welche Gefühle Motte momentan bewegen. Er ist ...

ängstlich ☐ genervt ☐ traurig ☐ hilflos ☐

neugierig ☐ verliebt ☐ verwirrt ☐ verletzt ☐

wütend ☐ bedrückt ☐ überfordert ☐ nervös ☐

Aufgabe 5

Bogi spielt in diesem Kapitel wieder eine Rolle.

a) Wie geht es Motte, wenn er an Bogi denkt?

b) Warum ist das so? Nenne einen möglichen Grund.

Aufgabe 6

Ordne zu, welche der folgenden Situationen Motte während des Kapitels erlebt und an welche er sich nur erinnert.

Erlebnis

- Steffi Fuchs hat sich beim Sprung vom Apfelbaum verletzt.
- Mottes Mutter guckt Motte beim Gespräch mit Steffi zu.
- Sein Vater hat eine neue Kette.
- Motte trifft seinen Vater im Wohnzimmer.
- Herr Kragler spricht über den Ringwald.
- Motte sieht den Direktor aus dem Sexshop kommen.
- Frau Strobel muss Aufklärungsunterricht machen.
- Motte steht im Freibad auf dem Zehner.

Überschrift für Kapitel 4: ______

Wähle eine der vorgegebenen Überschriften oder entwirf eine eigene. Trage sie auch auf S. 48 ins Buch ein.

- **Mottes Eltern**
- **Lebensveränderung**
- **Die Schornsteinfeger**

Kapitel 5 (S. 67–73)

1	2	3	4	5	6	7	8	9	10	11	12	13	14	15	16	17

Äußere Handlung – Inhaltskarte 5

Figuren ☐ ______
Motte — weitere Figuren

Orts-/Zeitangaben ______

______

Aufgabe 1

a) Lies das fünfte Kapitel.

b) Ergänze weitere Informationen über Mottes Hobbys, seine Lieblingsmusik und über die Schule, die er besucht, auf der ▶ **Figurenseite** (S. 44). Trage auch seinen Geburtstag ein.

WRS

Aufgabe 2

Was möchte Motte mit seinem Brief erreichen und wie schätzt du seine Chancen ein? Begründe deine Antwort.

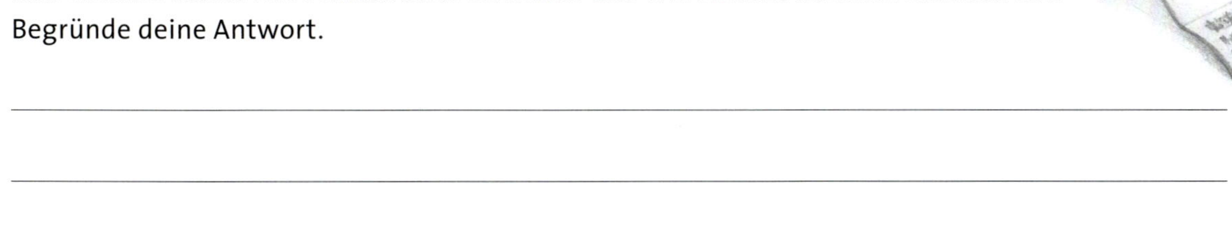

Aufgabe 3
Stelle dir vor, du würdest diesen Brief bekommen. Wie wäre deine Reaktion?

Aufgabe 4
Motte hat sich beim Verfassen des Briefes große Mühe gegeben und ein Konzept geschrieben. Dabei hat er verschiedene Stellen wieder verworfen.

a) Wähle drei der durchgestrichenen Stellen aus und nenne einen möglichen Grund für die Streichung der Stelle.

Durchgestrichene Textstelle	Grund für die Streichung

b) Erkläre, wofür die gestrichenen Stellen stehen und was du aus ihnen über Mottes Gefühlszustand schließen kannst.

c) An einer Stelle ist Motte nicht ganz ehrlich. Finde und nenne die Stelle und mögliche Gründe für sein Verhalten.

Überschrift für Kapitel 5:

Wähle eine der vorgegebenen Überschriften oder entwirf eine eigene. Trage sie auch auf S. 67 ins Buch ein.

- **Mutiger Motte**
- **Der Brief**
- **Love and Peace**

Kapitel 6 (S.74–89)

1	2	3	4	5	6	7	8	9	10	11	12	13	14	15	16	17

Äußere Handlung – Inhaltskarte 6

Figuren ☐
Motte weitere Figuren

Orts-/Zeitangaben

Aufgabe 1

a) Lies das sechste Kapitel.

b) Fasse kurz zusammen, wie Motte den Brief Jacqueline zukommen lassen will.

Aufgabe 2

Zwei Personen spielen in diesem Kapitel eine wichtige Rolle, Frau Standfuss und Walki. Trage die Informationen, die du über sie erfährst, in die Tabelle ein.

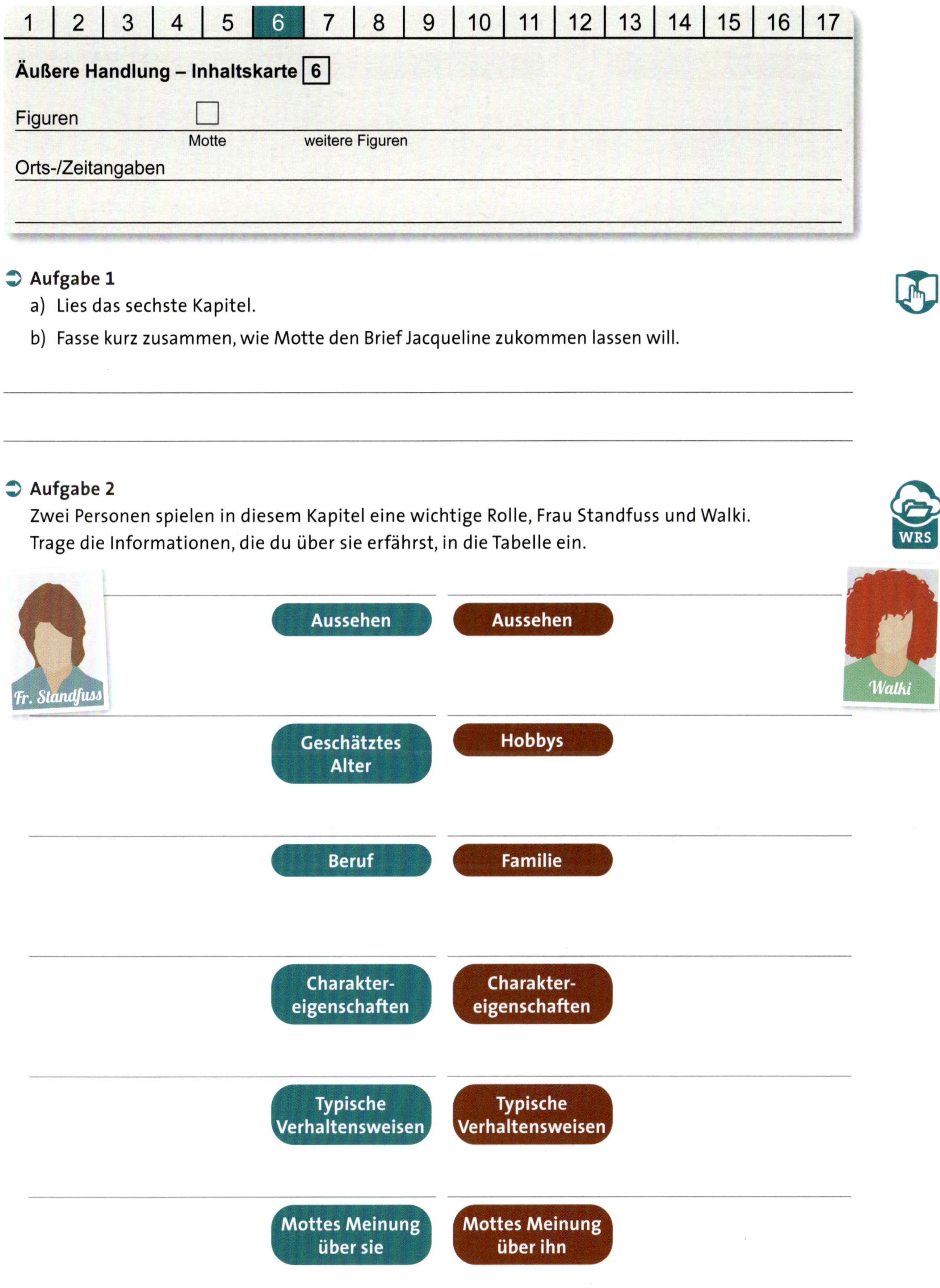

Fr. Standfuss	Walki
Aussehen	Aussehen
Geschätztes Alter	Hobbys
Beruf	Familie
Charaktereigenschaften	Charaktereigenschaften
Typische Verhaltensweisen	Typische Verhaltensweisen
Mottes Meinung über sie	Mottes Meinung über ihn

Aufgabe 3

WRS

Motte mag Wörter (vgl. S. 76, Z. 17), besonders Wörter, die nicht alltäglich sind. Finde auf Seite 76 und Seite 84 die Wörter, die ihm besonders gut gefallen und nenne deren Bedeutung. Schlage nach, wenn du sie nicht kennst.

Wörter	Bedeutung

Aufgabe 4

Seine Begeisterung für Wörter teilt Motte mit Bogi.

a) Fasse kurz zusammen, was du noch über Bogi in diesem Kapitel erfährst.

b) Wie geht es Motte, wenn er an Bogi denkt? Belege deine Antwort mit mindestens einem Textzitat.

Aufgabe 5

Ordne zu, welche der folgenden Situationen Motte während des Kapitels erlebt und an welche er sich nur erinnert.

Erlebnis | **Erinnerung**

- Frau Standfuss schaut Sesamstraße.
- Walki hat eine Vorliebe für die französische Sprache.
- Bogi wartet an der Bushaltestelle auf Motte.
- Motte überlegt es sich anders und will den Brief zurück.
- Im Biologieunterricht müssen alle lachen.
- Walki trägt Frau Standfuss' Tasche.
- Motte packt den Brief in sein Biologiebuch.
- Im Deutschunterricht wird Franz Kafka gelesen.
- Motte bittet Walki, den Brief seiner Schwester zu geben.

Überschrift für Kapitel 6:

Wähle eine der vorgegebenen Überschriften oder entwirf eine eigene. Trage sie auch auf S. 74 ins Buch ein.

- **Frau Standfuss**
- **Der Plan**
- **Bogi fehlt**

Kapitel 7 (S.90–97)

1	2	3	4	5	6	7	8	9	10	11	12	13	14	15	16	17

Äußere Handlung – Inhaltskarte 7

Figuren ☐ Motte ______ weitere Figuren ______

Orts-/Zeitangaben ______

______

Aufgabe 1

a) Lies das siebte Kapitel.

b) Vervollständige die Sätze, indem du sie miteinander verbindest.

Herr Kragler wartet vor der Sporthalle auf Mottes Klasse, ○	○ *weil er vor lauter Aufregung nicht schlafen kann.*
Walki joggt über den Sportplatz, ○	○ *kommt Jacqueline angeradelt.*
Als Ausrede sagt er, ○	○ *um sie über die Straße zu begleiten.*
Motte fühlt sich gar nicht wohl dabei und ○	○ *aber Motte ist viel zu aufgeregt, um sich auf das Gespräch zu konzentrieren.*
In der Nacht vor dem erhofften Treffen liegt er wach, ○	○ *er müsse seiner Schwester ihren Hausschlüssel bringen.*
An der Fähre wartet er auf Jacqueline, ○	○ *um seiner Schwester Mottes Brief zu bringen.*
Als Motte schon wieder gehen will, ○	○ *Motte ist sehr glücklich.*
Sie setzen sich auf eine Bank und reden, ○	○ *doch leider trifft sie nicht zur verabredeten Zeit ein.*
Jacqueline zeigt Motte, wo sie wohnt, und ○	○ *würde am liebsten im Erdboden versinken.*

Aufgabe 2

Fasse in drei Sätzen zusammen, wie das Kapitel endet.

______

______

______

______

Aufgabe 3

a) Ordne zu, welche der folgenden Situationen Motte während des Kapitels erlebt und an welche er sich nur erinnert.

Erlebnis

- Motte und Jacqueline gehen am Ufer entlang.
- Walki gibt seiner Schwester Mottes Brief.
- Motte ist zu aufgeregt zum Schlafen.
- Jacqueline kommt zur Verabredung.
- Motte wartet an der Fähre.

Erinnerung

b) Was fällt dir bei diesen Situationen (und im ganzen Kapitel) auf und woran könnte dies liegen?

____

____

____

c) Beschreibe, wie sich Mottes Gefühlszustand im Verlauf des Kapitels ändert. Du kannst dies auch mithilfe einer Gefühlskurve darstellen.

Aufgabe 4

a) Erkläre, wie Motte es findet, dass Herr Kragler sie an der Sporthalle erwartet.

____

b) Durch welches sprachliche Mittel wird dies ausgedrückt?

____

c) Finde mithilfe der Zeilenangaben in der Tabelle weitere sprachliche Besonderheiten in diesem Kapitel.

WRS

Textbeleg	Sprachliche Besonderheiten
S. 91, Z. 15–16	
S. 92, Z. 2–4	
S. 92, Z. 24–25	
S. 92, Z. 26–27	
S. 95, Z. 7–9	

Überschrift für Kapitel 7: ____________________

Wähle eine der vorgegebenen Überschriften oder entwirf eine eigene. Trage sie auch auf S. 90 ins Buch ein.

- **Motte und Jacqueline**
- **Die Übergabe**
- **Walki hilft**

Kapitel 8 (S. 98–107)

1	2	3	4	5	6	7	8	9	10	11	12	13	14	15	16	17

Äußere Handlung – Inhaltskarte 8

Figuren ☐ Motte ______ weitere Figuren

Orts-/Zeitangaben ______

______

Aufgabe 1

a) Lies das achte Kapitel.

b) Ordne zu, welche der folgenden Situationen Motte während des Kapitels erlebt und an welche er sich nur erinnert.

Erlebnis

- Motte und seine Mutter lachen zusammen.
- Motte bekommt eine Postkarte von Steffi.
- Mottes Vater geht ins Büro.
- Bogis Mutter freut sich, dass Motte Bogi besucht.
- Motte schaut mit seiner Mutter die neue Wohnung an.
- Walki, Jan und Motte bekleben ihren Mitschüler.
- Mottes Vater packt einen Umzugskarton.
- Die Möbelpacker sind bei Motte zu Hause.
- Motte besucht Bogi im Krankenhaus.

Aufgabe 2

a) Motte denkt an Bogi. Dabei gehen ihm verschiedene Gedanken durch den Kopf. Wähle drei davon aus und fasse sie kurz in eigenen Worten zusammen. Nutze die Er-Form.

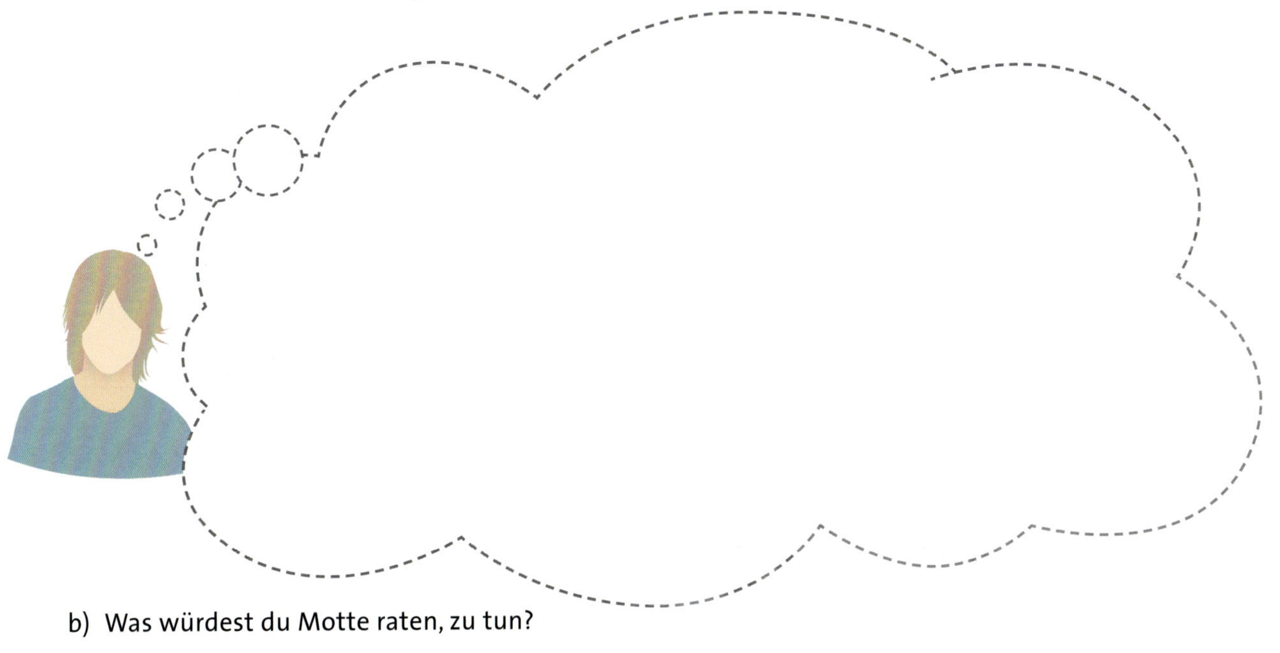

b) Was würdest du Motte raten, zu tun?

______

______

Aufgabe 3

a) Beschreibe Mottes Stimmungslage im Verlauf des Kapitels. Die Stichworte helfen dir dabei.

	Mottes Stimmung/Gefühle	Textstelle
Auszug des Vaters		
Trennung der Eltern		
Postkarte von Steffi		
Bogi		
Bogis Mutter		
Besichtigung der neuen Wohnung		
Herr Leuwagen		
Seine Mutter		

b) Was fällt dir an Mottes Gefühlen auf?

Aufgabe 4

Mottes Sprache passt sich seinen Gefühlen an.

a) Erläutere diese Aussage.

b) Belege die Aussage mit drei Beispielen aus dem Text. Vergiss die genauen Textstellen nicht.

Überschrift für Kapitel 8:

Wähle eine der vorgegebenen Überschriften oder entwirf eine eigene. Trage sie auch auf S. 98 ins Buch ein.

- **Die neue Wohnung**
- **Der Auszug**
- **Mottes Gefühlswelt**

Kapitel 9 (S.108–126)

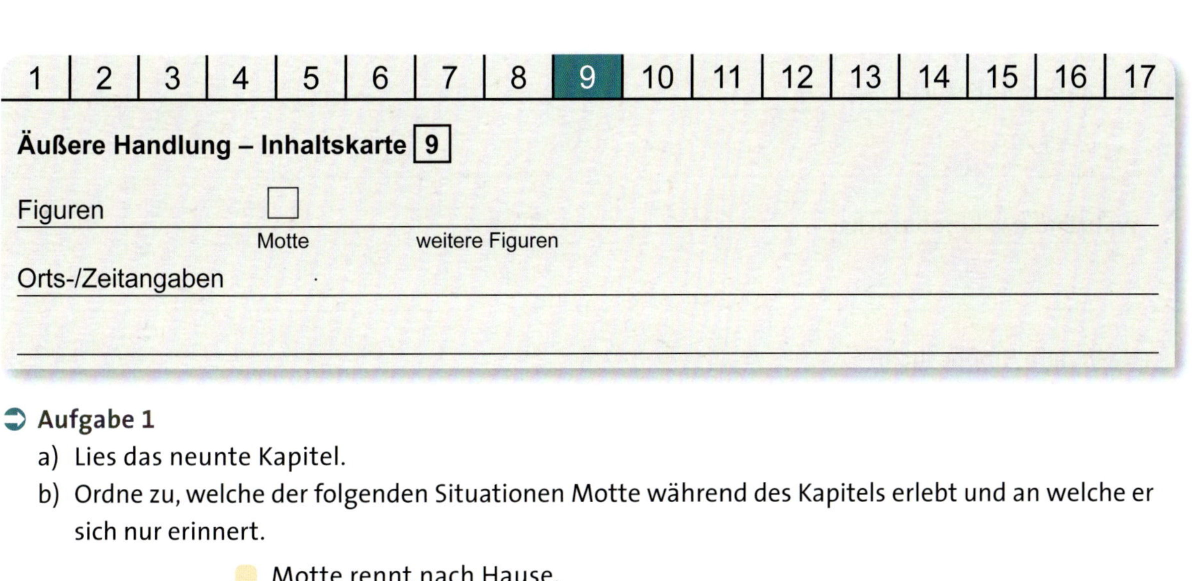

1	2	3	4	5	6	7	8	9	10	11	12	13	14	15	16	17

Äußere Handlung – Inhaltskarte 9

Figuren ☐ Motte ______ weitere Figuren ______

Orts-/Zeitangaben ______

______

➲ Aufgabe 1

a) Lies das neunte Kapitel.

b) Ordne zu, welche der folgenden Situationen Motte während des Kapitels erlebt und an welche er sich nur erinnert.

Erlebnis

- Motte rennt nach Hause.
- Jacqueline findet Motte lustig.
- Motte versucht alles, um Jacqueline wiederzusehen.
- Herr Huhloh redet mit Mottes Mutter.
- Motte isst sein Eis zu schnell.
- Jacqueline kommt mit Callum zum Kino.
- Motte geht mit seiner Mutter zum Friseur.
- Motte wartet auf Jacqueline an einer Litfaßsäule.

Erinnerung

➲ Aufgabe 2

Fasse kurz zusammen, was Motte tut, während er auf Jacqueline wartet.

______

______

______

______

______

➲ Aufgabe 3

Beschreibe in eigenen Worten, wie es Motte dabei geht.

______

______

______

➲ Aufgabe 4

Motte und Jaqueline wollen sich den Film *Bilitis* im Kino anschauen.
Recherchiere, wann dieser Film im Kino lief.

______

Aufgabe 5

a) Erläutere, was Mottes Plan für den gesamten Sonntagnachmittag ist. Denke dabei an vor, während und nach dem Kinobesuch.

Vor dem Kinobesuch:

Während des Kinobesuchs:

Nach dem Kinobesuch:

b) Doch es kommt alles anders. Erkläre, warum Motte seine Pläne nicht umsetzen kann.

Aufgabe 6

a) Gib wieder, was du über Callum erfährst. Gehe auf sein Aussehen und seinen Charakter ein. Verwende Stichwörter. Vergiss die Textangaben nicht.

Aussehen:

Charakter:

b) Beschreibe, wie Jacqueline auf Mottes Annäherungsversuche reagiert.

Aufgabe 7

a) Motte sagt über sich selbst: „Aber bei mir war jetzt ein Schalter umgelegt worden. Das passierte neuerdings dauernd." (S. 112, Z. 25–26) Erkläre, was er damit meint.

WRS

b) Gib wieder, wie Motte sich am Ende des Kapitels fühlt und wie er mit diesem Gefühl umgehen möchte.

SCHREIBAUFGABE 1 – Brief an Bogi

Stelle dir vor: Zu Hause angekommen ist Motte immer noch so durcheinander, dass er sich trotz seines schlechten Gewissens dazu entschließt, Bogi einen Brief zu schreiben – da er unbedingt mit jemandem reden muss. Er entschuldigt sich und erzählt von Jacqueline und dem gescheiterten Kinobesuch.

Schreibe diesen Brief auf ein separates Blatt (ca. 250 Wörter).

Überschrift für Kapitel 9: ______

Wähle eine der vorgegebenen Überschriften oder entwirf eine eigene. Trage sie auch auf S. 108 ins Buch ein.

- **Kino mit Jacqueline**
- **Callum**
- **Geplatzte Träume**

Kapitel 10 (S. 127–144)

1	2	3	4	5	6	7	8	9	**10**	11	12	13	14	15	16	17

Äußere Handlung – Inhaltskarte 10

Figuren ☐ ______
Motte — weitere Figuren

Orts-/Zeitangaben ______

______

Aufgabe 1

a) Lies das zehnte Kapitel.

b) Ordne zu, welche der folgenden Situationen Motte während des Kapitels erlebt und an welche er sich nur erinnert.

Erlebnis

- Motte besucht Bogi im Krankenhaus.
- Herr Kragler verprügelt Hans-Walter.
- Mottes Vater zieht aus.
- Walki läuft fast Stadtrekord.
- Motte und seine Mutter bekommen die Wohnung.

Aufgabe 2

a) Beschreibe, wie es Motte nach seinem Kinobesuch geht.

______

b) Motte benutzt für seine Situation ein sprachliches Bild. Nenne und erkläre es.

______

______

Aufgabe 3

a) Mottes Vater ist ausgezogen. Gib in eigenen Worten wieder, wie der Abschied verlief und wie die Stimmung dabei war.

b) Beschreibe das Verhältnis von Motte und seinem Vater.

c) Mottes Mutter freut sich, dass sie die neue Wohnung bekommen haben. Außerdem hat sie einen bestimmten Grund, weswegen sie nicht mehr im alten Haus wohnen will. Nenne diesen und erkläre, was sie damit meint.

d) Beschreibe in eigenen Worten, wie es Motte mit dem Umzug und dem neuen Verhältnis seiner Eltern geht.

Aufgabe 4

Auch bei Bogi gibt es Neuigkeiten. Welche?

Aufgabe 5

In diesem Kapitel erfährst du einiges über Herrn Kragler. Gib die Informationen in Stichworten wieder.

Aufgabe 6

Vervollständige die Sätze, indem du sie miteinander verbindest.

Herr Kragler verprügelt im Erdkundeunterricht Hans-Walter, ○	○ *und Kragler dreht durch.*
Keiner der Schüler traut sich, Hans-Walter zu helfen, ○	○ *nachdem dieser ihn mit einem Lied verspottet hat.*
Hans-Walter kommt zwar nach ein paar Wochen in die Schule zurück, ○	○ *um sich an Herrn Kragler zu rächen.*
Jan und Walki schmieden einen Plan, ○	○ *und Kragler gibt auf.*
Walki meldet sich freiwillig zur Nachprüfung in Sport ○	○ *dass er fast einen neuen Stadtrekord aufstellt.*
Walki läuft beim 5000-Meter-Lauf so schnell, ○	○ *und Walki ist fertig mit den Nerven.*
Doch dann bricht er kurz vor dem Ziel ab ○	○ *aus Angst, der Nächste zu sein.*
Walki lässt sich dadurch nicht beirren ○	○ *wechselt dann aber in die Realschule.*
Motte und Jan können ihren Augen nicht glauben, ○	○ *und soll mit Jan und Motte einen 5000-Meter-Lauf machen.*

Aufgabe 7

Schreibe Walkis mögliche Gedanken in die Gedankenblasen, die ihm durch den Kopf gehen, während er und Kragler sich anstarren (vgl. S. 143, Z. 19).

Aufgabe 8

Motte hat Liebeskummer. Belege dies mit zwei Textstellen und vollständigen Textangaben.

____

____

____

____

____

Überschrift für Kapitel 10: ____________________________

Wähle eine der vorgegebenen Überschriften oder entwirf eine eigene. Trage sie auch auf S. 127 ins Buch ein.

- **Walki und Kragler**
- **Liebeskummer**
- **Der Auszug**

Kapitel 11 (S.145–169)

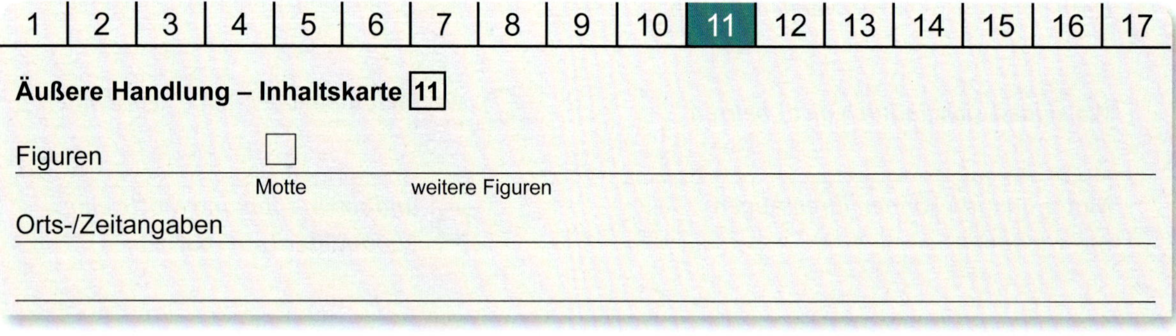

1	2	3	4	5	6	7	8	9	10	**11**	12	13	14	15	16	17

Äußere Handlung – Inhaltskarte 11

Figuren ☐ ________________________

Motte weitere Figuren

Orts-/Zeitangaben ________________________

____

Aufgabe 1

a) Lies das elfte Kapitel.

b) Kreuze an, welche Aussagen richtig und welche falsch sind.

		richtig	falsch
1.	Motte ruft bei Schnellstiegs an, um zu fragen, wie es Bogi geht.		
2.	An diesem Tag ziehen Motte und seine Mutter in die Neue Stadt.		
3.	Bogi ist immer noch im Krankenhaus, Walki hat ihn das letzte Mal allein besucht.		
4.	Motte trifft Neandertal-Klaus, sie kiffen zusammen.		
5.	Motte fährt in die Fußgängerzone, wo Straßenmusiker auftreten.		
6.	Motte trifft auf Steffi, die gleich merkt, dass er bekifft ist.		
7.	Sie gehen zusammen einen Kaffee trinken, aber Motte mag nichts essen.		
8.	Motte lässt Steffi einfach vor dem Café stehen und radelt davon. Er denkt nicht mehr an sie.		

c) Verbessere die falschen Aussagen auf einem separaten Blatt.

Aufgabe 2

a) Motte spricht über seine Gefühle im Zusammenhang mit dem Umzug. Was denkt er, müsse er deshalb fühlen, und wie geht es ihm wirklich?

b) Motte sagt über sich: „Genug gefühlt in letzter Zeit." (S. 149, Z. 8). Erkläre, wie er zu dieser Feststellung kommt und was er damit meint.

c) Motte denkt an Bogi. Gib seine Gedanken in eigenen Worten wieder.

Aufgabe 3

Bogi ist immer noch im Krankenhaus. Seine drei Freunde Motte, Jan und Walki gehen unterschiedlich damit um. Beschreibe, was sie jeweils tun.

Aufgabe 4

a) In der Stadt trifft Motte auf Steffi. Diese bemerkt sofort, dass mit Motte etwas nicht stimmt. Nenne die Gründe für ihre Vermutung.

b) Im Gespräch mit Steffi nennt sich Motte „Morten Falb Schumacher" (S. 163, Z. 16). Nenne den Grund dafür und erkläre, was er damit meint.

Aufgabe 5

Im Café beeindruckt Steffi Motte, weil sie sich anders verhält, als er es von zu Hause kennt. Vergleiche Steffis Verhalten mit dem der Familie Schumacher, indem du die angegebenen Stichwörter zuordnest. Markiere sie dazu mit unterschiedlichen Farben.

- geben nicht viel von ihren Gefühlen preis
- sehr ehrlich
- lassen sich in Ruhe
- zaudernd, trotz vieler Überlegungen
- offen
- *Steffi*
- *Familie Schumacher*
- direkt
- bemüht, unangenehme Themen auszusparen
- interessiert am Gegenüber
- eher zurückhaltend
- handelt, statt viel zu überlegen

Aufgabe 6

Schreibe Steffis mögliche Gedanken in die Gedankenblasen, die ihr durch den Kopf gehen, als Motte ihr davonradelt (vgl. S. 169, Z. 9–10).

Überschrift für Kapitel 11:

Wähle eine der vorgegebenen Überschriften oder entwirf eine eigene. Trage sie auch auf S. 145 ins Buch ein.

- **Neandertal-Klaus**
- **Kaffee mit Steffi**
- **Ein neuer Abschnitt**

Kapitel 12 (S.170–186)

1	2	3	4	5	6	7	8	9	10	11	**12**	13	14	15	16	17

Äußere Handlung – Inhaltskarte 12

Figuren ☐ Motte ______ weitere Figuren ______

Orts-/Zeitangaben ______

______

Aufgabe 1
Lies das zwölfte Kapitel.

Aufgabe 2
Erkläre, warum Bogi mit seiner Frage nach der Butter (vgl. S. 170, Z. 1) alle vom Essen aufschauen lässt.

______

______

Aufgabe 3
Vervollständige die Sätze.

Wieder zu Hause ist Bogi seit ______

Motte hatte schon fast nicht mehr damit gerechnet, weil ______

______

Als er die Nachricht erhält, dass Bogi wieder zu Hause ist, ______

______

Bei Schnellstiegs angekommen, wird er von Bogi empfangen, doch ______

______

Dann umarmen sie sich endlich und ______

______

Bogi darf mit Motte nach ein paar Tagen wieder allein aus dem Haus, um ______

______

Sie versuchen, in ihr altes Leben zurückzufinden, was aber ______

______

Motte vermisst Steffi, weil ______

______

Aber er erzählt ______

Aufgabe 4

In Mottes Heimatstadt eröffnet ein neuer Plattenladen. Erkläre, was das Besondere an diesem Laden ist und warum Motte sich so darauf freut.

Aufgabe 5

Ordne zu, welche der folgenden Situationen Motte während des Kapitels erlebt und an welche er sich nur erinnert.

Erlebnis

- Bogi und Motte streiten sich.
- Motte und Bogi versuchen, im Stadtpark Kung Fu zu machen.
- Motte vermisst den Fahrradhändler.
- Steffi überrascht Motte im Plattenladen.
- Motte ist bei Bogi zum Essen.
- Motte und Bogi sehen den Musiklehrer im Plattenladen.
- Motte besucht Bogi zum ersten Mal nach dem Krankenhaus.

Erinnerung

WRS

Aufgabe 6

Musik ist sehr wichtig für Motte, das erklärt er auf Seite 181–182.

a) Gib in eigenen Worten wieder, was er über Musik bzw. die Entscheidung, eine Schallplatte zu kaufen, sagt.

b) Bewerte Mottes Aussage. Stimmst du ihm zu?

c) Vergleiche deinen Musikkonsum mit Mottes. Welche Musik hörst du und wie? Gibst du auch Geld dafür aus?

Aufgabe 7

Motte und Bogi treffen auf Jan und Walki.

a) Stellt die Begegnung als Standbild nach.

b) Erweckt das Standbild zum Leben, indem ihr jeden der vier Jungen einen Satz über seine aktuelle Gefühlslage sagen lasst.

Überschrift für Kapitel 12:

Wähle eine der vorgegebenen Überschriften oder entwirf eine eigene. Trage sie auch auf S. 170 ins Buch ein.

- **Alles fast wie früher**
- **Die „Rockworld“-Eröffnung**
- **Bogi zu Hause**

Kapitel 13 (S. 187–201)

1	2	3	4	5	6	7	8	9	10	11	12	13	14	15	16	17

Äußere Handlung – Inhaltskarte 13

Figuren ☐ ______________________________
Motte weitere Figuren

Orts-/Zeitangaben ______________________________

____

➲ Aufgabe 1

a) Lies das dreizehnte Kapitel.

b) Motte erfährt, dass Bogi wieder im Krankenhaus ist. Beschreibe Mottes Reaktion auf die Nachricht in eigenen Worten.

____

____

____

____

c) Motte überlegt, wie er mit der Nachricht umgehen soll. Kreuze an, welche Gedanken er hat.

1. Er will der Nachricht aus dem Weg gehen.	
2. Er will die letzten Minuten vergessen oder sie sogar rückgängig machen.	
3. Er will in die Stadt fahren, da dort so viele Leute sind, die ihn ablenken könnten.	
4. Er will so lange mit jemandem quatschen, bis die Nachricht unbedeutend geworden ist.	
5. Steffi soll vorbeikommen, damit sie reden können.	

➲ Aufgabe 2

Motte entscheidet sich, ins Krankenhaus zu gehen.

a) Begründe, warum er nicht mit dem Fahrrad fährt.

____

b) Gib wieder, wie Bogis Mutter reagiert, als sie Motte sieht.

____

c) Erkläre, warum Motte überrascht ist, als er Bogi sieht.

____

____

d) Fasse kurz zusammen, wie die Zeit mit Bogi verläuft und wie es Motte dabei geht.

____

____

____

____

____

____

WRS

Aufgabe 3
Verbinde die passenden Satzteile.

Am nächsten Tag geht Motte direkt nach der Schule wieder ins Krankenhaus, ○	○ *mehrere Ärzte und Krankenschwestern eilen zu Bogi ins Zimmer.*
Motte erzählt von Kragler und dass dieser die Schule verlassen habe, ○	○ *bleibt er sitzen und wartet.*
	○ *weiß er nicht, wie er sich verhalten soll.*
Am darauffolgenden Tag wird Motte von Bogis Vater vor Bogis Zimmer aufgehalten, ○	○ *bevor er aus dem Krankenhaus rennt.*
Motte ist verwirrt und hat Angst zu fragen, ○	○ *aber Bogi ist zu schwach, um zu antworten, und Motte soll nach kurzer Zeit wieder gehen.*
Als er Bogi dann besuchen darf, ○	○ *versagen ihm die Beine und sein Oberteil ist nass vor Tränen.*
Motte bleibt nur kurz bei Bogi und ○	○ *was wirklich los sei.*
Auf einmal ertönt ein Alarm und ○	○ *wartet anschließend draußen auf dem Gang, wo er auch etwas zu essen bekommt.*
Motte sieht durch die offene Tür, was im Zimmer geschieht, ○	○ *doch dieses Mal will Bogi nicht, dass seine Mutter die beiden Freunde allein lässt.*
Als Motte Frau Schnellstiegs Schreie hört, ○	○ *da Bogi wegen der Schmerzmedikamente nicht bei vollem Bewusstsein sei.*
Weil er nicht weiß, was er tun soll, ○	
Als die Ärzte aus dem Zimmer kommen, ○	○ *bis eine Schwester die Tür schließt.*
Er sieht nur noch Bogis Fuß, ○	○ *weiß Motte, dass Bogi stirbt.*

Aufgabe 4

Jeder geht anders mit so einer Erfahrung, wie sie Motte hier macht, um. Manche wollen für sich sein, andere brauchen jemanden zum Reden. Wieder andere brauchen etwas Zeit und wollen dann reden.

a) Frage deine/-n Nebensitzer/-in, wie er/sie sich verhalten/damit umgehen würde.

b) Sprecht in der Klasse darüber, wie es die anderen sehen.

c) Wenn du nicht über dieses Thema reden möchtest, kannst du den Platz hier nutzen, um deine Gedanken aufzuschreiben oder zu malen.

Überschrift für Kapitel 13: ________________

Wähle eine der vorgegebenen Überschriften oder entwirf eine eigene. Trage sie auch auf S. 187 ins Buch ein.

- **Bogi stirbt**
- **Zurück im Krankenhaus**
- **Die letzten Minuten**

Kapitel 14 (S. 202–210)

1	2	3	4	5	6	7	8	9	10	11	12	13	14	15	16	17

Äußere Handlung – Inhaltskarte 14

Figuren ☐ Motte ________ weitere Figuren

Orts-/Zeitangaben ________

Aufgabe 1

Lies das vierzehnte Kapitel.

Aufgabe 2

Motte ist unterwegs durch die Stadt. Erkläre, warum er nicht nach Hause gehen will.

____

____

Aufgabe 3

a) Kreuze an, welche Aussagen richtig und welche falsch sind.

	Aussage	richtig	falsch
1.	Motte rennt durch die Stadt, bis er zu einem Spielplatz kommt, wo er sich auf eine Bank setzt.		
2.	Er rennt weiter die Neuberger Landstraße hinunter, an deren Ende Walki wohnt, den er besuchen will.		
3.	Vorher macht er einen Stopp am Kiosk und kauft sich ein Bier.		
4.	Weil er sich dort auf den Boden setzt, wird er für einen Penner gehalten.		
5.	Er fährt mit dem Fahrrad in die Waldstadt, um die Amselfelderflaschen zu holen.		
6.	Mottes Ziel ist das Haus von Bogis Eltern, wo ihm viele Erinnerungen an früher kommen.		
7.	Als Bogis Eltern nach Hause kommen, spricht er kurz mit ihnen.		
8.	Motte geht auch an dem Haus vorbei, in dem er früher gewohnt hat. Ihm gefällt, was er dort sieht.		
9.	Er stiehlt ein Fahrrad und fährt damit in den Wald, wo er den Wein von Bogi trinken will.		

b) Verbessere die falschen Aussagen auf einem separaten Blatt.

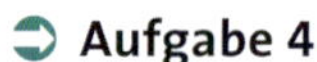

Aufgabe 4

Ordne zu, welche der folgenden Situationen Motte während des Kapitels erlebt und an welche er sich nur erinnert.

- Motte entwickelt seine Fotos.
- Motte sieht den Kindern auf dem Spielplatz beim Spielen zu.
- Motte verabschiedet sich von Schumachers ehemaligem Haus.
- Walki und sein Bruder Ludger bringen Motte das Trinken bei.
- Motte bekommt einen Apfel beim Gemüseladen.

Überschrift für Kapitel 14: ______________________

Wähle eine der vorgegebenen Überschriften oder entwirf eine eigene. Trage sie auch auf S. 202 ins Buch ein.

- **Ziellos**
- **Ablenkung**
- **Der Amselfelder**

Kapitel 15 (S. 211–234)

1	2	3	4	5	6	7	8	9	10	11	12	13	14	**15**	16	17

Äußere Handlung – Inhaltskarte 15

Figuren ☐ Motte ____ weitere Figuren ____

Orts-/Zeitangaben ____

____

Aufgabe 1
Lies das fünfzehnte Kapitel.

Aufgabe 2
Motte möchte nun doch nicht mehr allein sein.

a) Gib den Grund für seinen Sinneswandel an.

____

b) Beschreibe, wie es ihm geht.

____

____

Aufgabe 3
Motte fährt zu seinem Lehrer Meinhardt Vogt.

a) Er hat drei Gründe dafür, nenne sie.

1. ____
2. ____
3. ____

b) Beschreibe Meinhardt Vogt in eigenen Worten.

____

____

c) Gib deinen Eindruck von diesem Lehrer wieder. Würdest du auch zu ihm fahren?

____

____

d) Meinhardt und seine Frau haben Streit. Erkläre, warum.

____

____

e) Meinhardt fragt nach Bogi. Fasse Mottes Reaktion darauf in eigenen Worten zusammen.

f) Erkläre, warum er sich so verhält.

Aufgabe 4

Verbinde die passenden Satzteile.

Als Meinhardt eine Schallplatte auflegt, ○	○ *worauf Motte wieder so tut, als würde es Bogi gutgehen.*
Gitti, Meinhardts Frau, kommt dazu ○	○ *und Motte vergisst fast, dass Bogi ja gar nicht mehr mitkommen kann.*
Auch sie fragt nach Bogi, ○	○ *und versöhnt sich mit Meinhardt.*
Sie planen gemeinsam einen Urlaub in den kommenden Sommerferien ○	○ *schlägt Meinhardt vor, den Film der letzten Klassenreise anzuschauen.*
Weil Gitti zu Dario, dem Sohn der beiden, gehen muss, ○	○ *regt sich Motte auf, da er diese Musik gar nicht mag.*

Aufgabe 5

Als der Film beginnt, wird Motte klar, dass er Bogi darin sehen wird. Beschreibe seine Gedanken.

WRS

Aufgabe 6

In diesem Film erfährst du einiges über Bogi. Gib in Stichworten die wichtigsten Informationen an.

Alter

Besondere Auffälligkeiten

Familie

Zukunfts-pläne

Privates

Aufgabe 7

Während des Filmschauens variieren Mottes Gefühle. Erkläre, was mit dieser Aussage gemeint ist.

Aufgabe 8

Fasse zusammen, was Motte durch den Film über sich, über Bogi und über ihre Freundschaft klar wird.

Überschrift für Kapitel 15:

Wähle eine der vorgegebenen Überschriften oder entwirf eine eigene. Trage sie auch auf S. 211 ins Buch ein.

- **Meinhardt Vogt**
- **So tun als ob**
- **Motte und Bogi**

Kapitel 16 (S. 235–251)

1	2	3	4	5	6	7	8	9	10	11	12	13	14	15	**16**	17

Äußere Handlung – Inhaltskarte 16

Figuren ☐

Motte — weitere Figuren

Orts-/Zeitangaben

Aufgabe 1

a) Lies das sechzehnte Kapitel.

b) Fasse zusammen, wie Motte die Zeit bei Meinhardt und Gitti erlebt hat und was er sich in Bezug auf Bogi denkt.

Aufgabe 2
Vervollständige die Sätze.

Anstatt nach Hause zu fahren, fährt Motte __________

Er braucht mehrere Versuche, um __________

Er wundert sich über seinen Zustand, weil er gedacht hatte, __________

____

Motte stellt fest, dass die Zeit an diesem Tag __________

Er steigt zuerst __________

Dann entscheidet er sich, __________

Oben angekommen trinkt er seinen Wein und __________

Da gehen die Lichter an und __________

Diese Person will, dass Motte __________

Beim Aufstehen __________

Der Bademeister kommt zu Motte hoch, weil dieser __________

____

Zuerst regt er sich auf, doch dann sagt Motte ihm, __________

Begeistert erzählt der Bademeister __________

Sie singen zusammen und Günter erklärt Motte, dass es viel mutiger sei, __________

____

Dann steht Motte auf __________

Aufgabe 3
Als er im Wasser ankommt, wird Motte etwas klar und er trifft eine Entscheidung.

a) Beschreibe, was ihm klar wird.

____

____

b) Nenne seine Entscheidung.

____

c) Erkläre, was seine Gründe dafür sind.

____

____

Aufgabe 4

Motte schließt Günter ins „Herz“ (vgl. S. 248, Z. 15).

a) Nenne die Gründe für Mottes Empfindung.

____

____

b) Vergleiche Günters Verhalten mit dem anderer Erwachsener im Buch. Was unterscheidet ihn von anderen?

____

____

____

Aufgabe 5

Wieder spielt Musik eine wichtige Rolle. Belege diese Aussage mit mindestens einer Textstelle.

____

____

____

Überschrift für Kapitel 16: ____

Wähle eine der vorgegebenen Überschriften oder entwirf eine eigene. Trage sie auch auf S. 235 ins Buch ein.

- **Im Freibad**
- **Elvis**
- **Der Sprung**

Kapitel 17 (S. 252–276)

1	2	3	4	5	6	7	8	9	10	11	12	13	14	15	16	17

Äußere Handlung – Inhaltskarte 17

Figuren ☐ ____

Motte weitere Figuren

Orts-/Zeitangaben ____

____

Aufgabe 1

a) Lies das siebzehnte Kapitel.

b) Kreuze an, wie viel Zeit seit dem letzten Kapitel vergangen ist.

☐ ein Monat ☐ sechs Wochen ☐ 14 Tage

c) Trage bei den jeweiligen Figuren ein, wie es ihnen in dieser Zeit ergangen ist bzw. was sich bei ihnen verändert hat.

Motte

Mottes Mutter

Steffi

Jan

Bogis Mutter

Aufgabe 2

In diesem Kapitel findet die Beerdigung von Bogi statt.

a) Nenne mindestens fünf Personen, die zur Beerdigung kommen.

b) Gib den groben Ablauf wieder.

c) Beschreibe Mottes Gefühle während der Trauerfeier.

Aufgabe 3

Auch bei der Beerdigung spielt Musik eine wichtige Rolle.

a) Erkläre, welche.

b) Gib Mottes Meinung zur Musikauswahl wieder.

c) Recherchiert in Gruppen die vier Lieder, die auf der Beerdigung gespielt werden. Hört sie euch an und notiert eure Meinung dazu.

***Blackbird* von den Beatles**

***Über den Wolken* von Reinhard Mey**

***Horse with no Name* von America**

***Year of the Cat* von Al Stewart**

d) Hier kannst du deinen Lieblingsvers oder deine Lieblingsstrophe aus einem der Lieder notieren oder darstellen.

Aufgabe 4

Jan, Walki, Steffi und Motte gehen nach der Beerdigung gemeinsam zum Grab, um sich zu verabschieden. Sie setzen sich dazu auf eine Bank am Grab.
Notiere in den Gedankenblasen, was sie jeweils denken könnten.

Aufgabe 5

Als Steffi und Motte dann wieder allein sind, passiert etwas Erstaunliches. Gib wieder, was passiert.

SCHREIBAUFGABE 2 – Innerer Monolog von Steffi

„»Hallo. Da bist du ja wieder, Klapsmüller.«" (S. 276, Z. 16). Steffi gehen viele Gedanken durch den Kopf, während sie dies sagt. Schreibe ihren **inneren Monolog** von ca. 250 Wörtern auf ein separates Blatt.

Überschrift für Kapitel 17:

Wähle eine der vorgegebenen Überschriften oder entwirf eine eigene. Trage sie auch auf S. 252 ins Buch ein.

- **Abschied von Bogi**
- **Gefühlschaos**
- **Neustart**

Innere und äußere Handlung im Überblick

Aufgabe

a) Ermittle die Jahreszahlen für die Zeitebene. Dazu kannst du in der Inhaltssicherung nachschauen oder dich auf der Seite zu den 70er Jahren (S. 52) orientieren.

b) Notiere die wichtigsten Einzelheiten zur inneren und äußeren Handlung. Beachte die Rubriken in der ersten Spalte.

Zeit	**Mitte August 19…** **Kapitel 1**	**Mitte bis Ende September 19…** **Kapitel 2–4**	**1. Oktober bis Mitte Oktober 19…** **Kapitel 5–9**
Mottes Gefühle: Er und seine Familie			
Mottes Gefühle: Bogi (Manfred Schnellstieg)			
Mottes Gefühle: Jacqueline Schmiedebach			
Mottes Gefühle: Stefanie Fuchs			
Äußere Handlung			

Mögliche Prüfungsaufgaben

1. Beschreibe Mottes unterschiedliche Gefühle mit fünf Begriffen.
2. Beschreibe in je einem Satz Mottes Gefühle in Bezug auf seine Familie, auf die Veränderung der Freundschaft zu Bogi, auf die Erfahrung mit Jacqueline und die Beziehung zu Steffi.

Tipp: Diese Beispiele zeigen dir, welche Aufgaben zur jeweiligen Seite vorstellbar sind.

Eine Auswahl aus diesen möglichen Prüfungsaufgaben speziell für den WRSA findest du im Onlinebereich.

Anfang November bis Anfang Dezember 19... Kapitel 10–11	Mitte Februar 19... Kapitel 12	Ende Mai 19... Kapitel 13–16	Sechs Wochen später, Mitte Juli 19... Kapitel 17

Morten Schumacher, alias Motte

Beispiele für Aufgaben im Stil der Prüfung

1. Beschreibe Morten Schumacher in drei Sätzen.
2. Nenne fünf wichtige persönliche Angaben zu Morten Schumacher.
3. Erläutere Mottes Beziehung zu seinen Eltern.

➲ **Aufgabe**

Übernimm wichtige Angaben aus der Inhaltssicherung (S. 5–41) und notiere weitere wichtige Einzelheiten zu Motte.

Persönliches

Äußeres

Verhalten

Motte

Beziehung zum Vater

Beziehung zur Mutter

Fähigkeiten

besondere Eigenschaften

Interessen

Freunde

Mottes Freundschaft zu Manfred Schnellstieg, alias Bogi

Beispiele für Aufgaben im Stil der Prüfung

1. Beschreibe an je drei Erlebnissen, was die beiden Freunde verbindet und was sie trennt.
2. Erläutere, wie sich Motte aufgrund der Krankheit seines Freundes verändert.
3. Finde zehn Nomen und/oder Adjektive, die Mottes Verhalten seit Bogis Erkrankung kennzeichnen.

➲ Aufgabe

Zeichne eine Linie von oben nach unten neben den einzelnen Aussagen ein. Sie soll zeigen, wie stark oder schwach die Verbindung von Motte empfunden wird. Markiere eventuell zuerst Extrempunkte (wie im Beispiel vorgegeben) und verbinde sie später.

	enge Verbindung ← → trennende Erfahrungen
Spitzname nach dem Schauspieler Humphrey Bogart (S. 7)	✗ (enge Verbindung)
Kauf des Amselfelders („Blackbirdfielders") für das Turnier (S. 8)	
Nachricht über Bogis Untersuchung in der Klinik (S. 9)	
Erster Besuch in der Klinik (S. 12)	
Motte empfindet Bogi fremd und wie in einer anderen Welt (S. 24)	
Motte ist hilflos angesichts der Situation – Berührungsängste (S. 26)	
Motte verdrängt den Schmerz in Bezug auf die Krankheit (S. 38)	
Motte denkt nur noch an Jacqueline (S. 60)	
Motte redet sich sein schlechtes Verhalten zurecht (S. 104)	
Bogi bekommt eine Chemotherapie (S. 130)	
Motte versucht, ihn zu erheitern (S. 131)	
Motte vermeidet Besuch durch eine Lüge (S. 147)	
Bogi zu Hause: Besuch erst nach vier Tagen und Aufforderung (S. 170 ff.)	
Versuch von Normalität: Besuch der „Rockworld" (S. 175 ff.)	
Streit wegen Musikgeschmack (S. 177 f.)	
Clique spielt Fußball mit Bogi im Tor liegend (S. 185 f.)	
Bogi wieder im Krankenhaus – Mottes Vorahnung (S. 187 f.)	
Mottes Trennungsgefühl (S. 188)	✗ (trennende Erfahrungen)
Bogis Hinweis auf das Versteck der Amselfelder-Flaschen (S. 192)	
Drastische Verschlechterung (S. 195)	
Mottes letzte Kontaktmöglichkeit; kann Bogi nicht anfassen (S. 197 f.)	
Gewissheit: Sein Freund ist tot (S. 200)	
Abholen des Amselfelders bei Schnellstiegs Haus (S. 206 f.)	
Verleugnung von Bogis Tod gegenüber den Vogts (S. 221, 223)	
Erkenntnisse über Freundschaft und Verlust durch Film (S. 229–234)	
Der Sturz ins Schwimmbecken – eine Übersprungshandlung? (S. 250 f.)	
Steffi hält statt Motte eine Trauerrede mit Musik (S. 265 f.)	
Gemeinsamer Abschied mit der Clique und Steffi (S. 272 ff.)	
Motte kommt in der Realität an (S. 276)	

Die Bedeutung der Clique

Aufgabe

a) Notiere persönliche Merkmale und Besonderheiten zu den einzelnen Clique-Mitgliedern.
b) Bringe Pfeile zwischen den Figuren an. Je dicker sie sind, desto enger ist die Freundschaft.
c) Notiere jeweils ein besonderes Kennzeichen der Freundschaft an diese Pfeile.

Motte

Kartei-Nr. 1 M W

Name Vorname Alter

Familie

Besonderheiten

Schule

Freundschaft

Hobbys

Lebenspläne

Lebenskrise

Jan

Kartei-Nr. 3 M W

Name Vorname Alter

Familie

Besonderheiten

Schule

Freundschaft

Hobbys

Umgang mit Bogis Krankheit

Beispiele für Aufgaben im Stil der Prüfung

1. Die Freunde kümmern sich unterschiedlich um Bogi. Beschreibe in je einem Satz.
2. Beschreibe die Bedeutung der Clique für Bogi.

Bogi

Kartei-Nr. 2 M W

Name Vorname Alter

Entstehung des Spitznamens

Eltern

Geschwister

Besonderheiten

Schule

Freundschaft

Hobbys

Lebenspläne

Krankheit

Walki

Kartei-Nr. 4 M W

Name Vorname Alter

Eltern

Geschwister

Besonderheiten

Schule

Freundschaft

Hobbys

Umgang mit Bogis Krankheit

Mottes Familie – Bogis Familie

➲ **Aufgabe**

a) Notiere Einzelheiten zu den Eltern von Motte und Bogi.
Nenne vor allem Beobachtungen in Bezug auf ihr Verhalten den Söhnen und Bogis Schicksal gegenüber.

b) Beschreibe die Beziehung zwischen den jeweiligen Elternteilen.

c) Zeige mit Pfeilen und Stichworten, wie das Verhältnis der Eltern Schumacher zu den Schnellstiegs ist.

Beziehung:

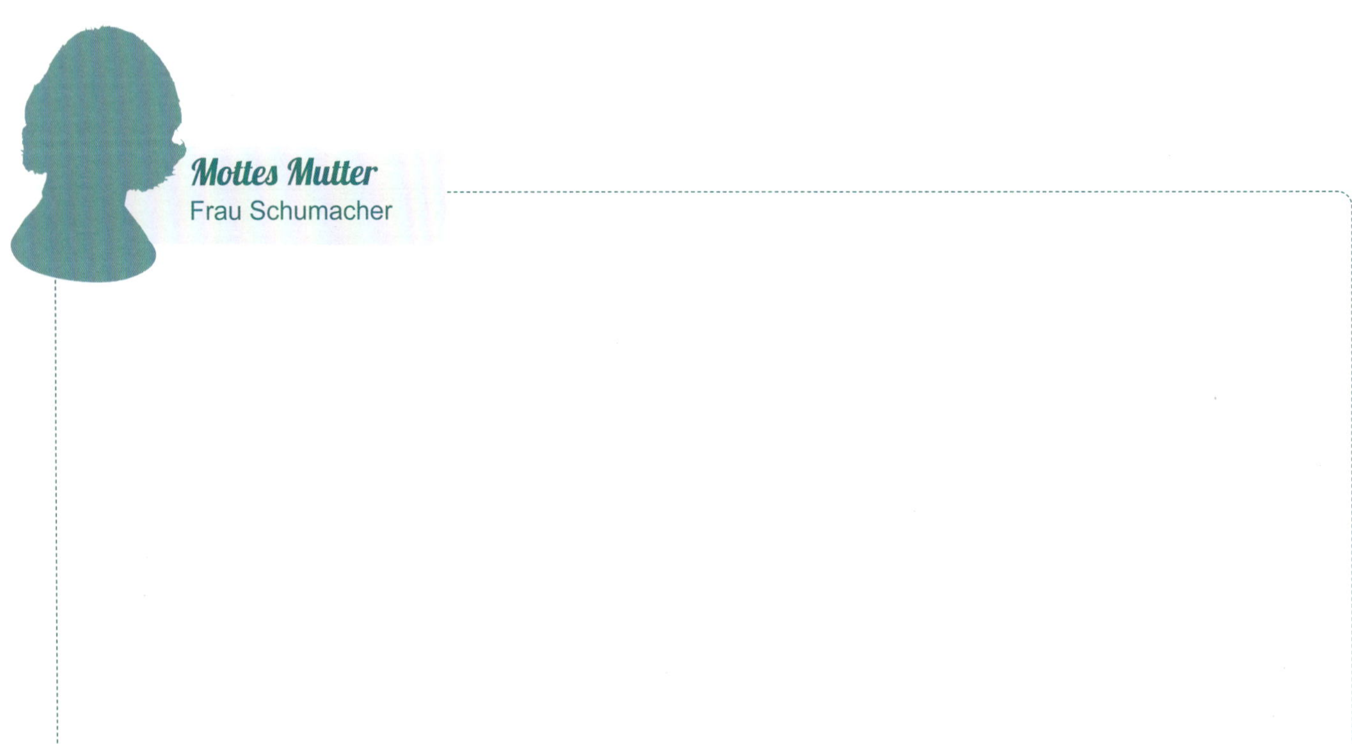

Beispiele für Aufgaben im Stil der Prüfung

1. Beschreibe die Bedeutung der Freundschaft zwischen Motte und Bogi für ihre beiden Familien.
2. Argumentiere: Hat Motte keine Unterstützung von seinen Eltern während dieser schwierigen Zeit?
3. Beschreibe, wie Motte die Eltern Schnellstieg in unterschiedlichen Situationen erlebt.

Beziehung:

Motte und die Liebe

Beispiele für Aufgaben im Stil der Prüfung

1. Beschreibe in drei Sätzen die Erfahrung, die Motte mit Jacqueline Schmiedebach macht.
2. Wie entwickelt sich die Beziehung zu Steffi, Stefanie Fuchs? Erläutere sie an vier „Stationen“.
3. Erkläre, was Motte als „ganze Welt“ in Steffis Träne wahrnimmt (S. 276, Z. 23).

➲ **Aufgabe**

a) Mottes Begegnungen und Erfahrungen mit Jacqueline: Notiere Stichworte oder kurze Sätze. Vergleiche mit den Überblicksseiten (S. 42 f.). Fasse Mottes Erfahrung in einer Überschrift zusammen und zeichne zum Schluss mit dem Marker eine Kurve seiner Gefühlsentwicklung über die Tabelle.

b) Verfahre ebenso mit der unteren Grafik in Bezug auf Steffi.

Jacqueline

Kartei-Nr. 5 M W **Überschrift:** ____________________

1 Beim ersten Blick	2 Mottes Brief	3 Erstes Date – erster Kuss	4 Drama im Kino	5 Nachwirkungen

Steffi

Kartei-Nr. 6 M W **Überschrift:** ____________________

1 Steffi aus der Grundschule	2 Post von Steffi	3 Zufälliges Treffen	4 Die Liebe wächst	5 Ein Paar mit Zukunft

Motte und das Schulpersonal

Beispiele für Aufgaben im Stil der Prüfung

1. Motte unterscheidet die Lehrerschaft, den Hausmeister und den Direktor. Welche Figuren werden von ihm sehr positiv dargestellt? Welche lehnt er ab?
2. Beschreibe Mottes veränderte Sicht auf Bogi, als er bei Lehrer Vogt den alten Film sieht.
3. Erläutere das Verhalten des Lehrers Kragler und Walkis Reaktion darauf.

Aufgabe

a) Suche Mottes erinnerte oder erlebte Episoden der folgenden Figuren auf, indem du dich in der Inhaltssicherung (S. 5–41) oder anhand deiner Notizen nochmals orientierst. Schreibe Stichworte auf.

b) Kreuze an, welche der Figuren negativ und welche positiv erscheinen. Notiere jeweils stichwortartig Gründe für Mottes Einschätzung oder Sichtweise.

Karl-Heinz Schaff
Schulhausmeister

Frau Strobel
Biologielehrerin

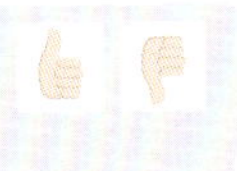

Herr Gallenkamp
Physiklehrer

Horst Kragler
Sport- und Erdkundelehrer

Frau Standfuss
Deutschlehrerin

Meinhardt Vogt
Sozialkundelehrer

Direx/Direktor des Brahms
namenlos

Dagmar Czybulczyk
Sport- und Englischreferendarin

Herr Ärmeling
Musiklehrer

Im Onlinebereich findest du weitere Arbeitsblätter zu den Figuren zum Download und ein digitales Figurenquiz. Probiere es aus und teste dein Wissen!

Inhaltliche Schwerpunkte

Überblick: 70er Jahre

➲ **Aufgabe**
Kreuze die richtigen im Roman erwähnten (Kultur-)Artikel und Erfindungen des Alltagslebens der 70er Jahre an. Markiere den „Artikel“, der die Handlungszeit (Jahr) am besten kennzeichnet.

BINGO

Mixgetränk	Mezzomix	Spezi
Billigwein	Hintertupfinger	Amselfelder
TV-Musiksendung	ZDF-Hitparade	Szene
Bowie-Album	David Bowie „Heroes“ Studioalbum	David Bowie „Space Oddity“ Studioalbum
TV: Torwandschießen	ZDF Sportstudio	das aktuelle sportstudio

BINGO

Lebensmittelgeschäft	Lidl	Kaiser`s
Trikotartikel	Batik-T-Shirt	Hoodie
Herrenduft	Blue Man Eau de Toilette	Marbert Man Aftershave
Kinofilm	Bilitis	Hurra, die Schule brennt
Fahrzeugtyp	VW Beetle	Ford Taunus

BINGO

Fahrrad	Bonanzarad	BMX-Rad
Telefonie	Wähltelefon mit Hörer	Smartphone
Musik mobil	Kassettenrekorder	Smartphone mit Bluetooth-Verstärker
Fotografie	Analogkamera Film-Entwicklung in der Dunkelkammer	Digitalkamera Datei und Cloud Drucken
Währung	D-Mark	Euro

Der Kipppunkt: eine tödliche Krankheit (Verlust und Trauer)

Die schweizerisch-amerikanische Psychologin **Elisabeth Kübler-Ross** entwickelte in den 60er-Jahren die Theorie der „Fünf Phasen der Trauer“: Sie bezog diese zunächst auf Sterbende selbst, wie sie mit ihrem künftigen Schicksal umgehen. Dieses Modell wird aber auch auf die Bewältigung des Schmerzes von Angehörigen oder Nahestehenden im Umgang mit tödlichen Krankheiten bezogen.

Aufgabe 1

Informiere dich im Internet, z. B. auf „Planet Wissen“ über dieses Phasen-Modell. Erläutere die folgenden Oberbegriffe in deinen Worten.

Aufgabe 2

Benenne jeweils zwei entsprechende Verhaltensweisen, die auf Motte zutreffen, und gib die jeweilige Seitenzahl an. **Tipp:** Diese Phasen tauchen im Roman nicht zwangsläufig der Reihe nach auf.

Ereignis

PHASE 1: VERDRÄNGEN

Erläuterung

Beispiele

PHASE 2: GEFÜHLSAUSBRÜCHE

Erläuterung

Beispiele

PHASE 3: VERHANDELN

Erläuterung

Beispiele

PHASE 4: VERZWEIFELN

Erläuterung

Beispiele

PHASE 5: AKZEPTIEREN

Erläuterung

Beispiele

Aufgabe 3

Trauer – traurig sein – Traurigkeit: Markiere auf den Seiten 25, 146, 181, 232, 251, 265, 270 und S. 276 die Textstellen, in denen Wörter aus dieser Wortfamilie vorkommen. In welchem Zusammenhang wird Motte klar, was wirkliche Traurigkeit ist? Beschreibe diese Situation(en).

____

____

____

Pubertät und Gefühlswelt

Mögliche Aufgabe im Stil der Prüfung
1. Nenne fünf Themen, die Morten Schumacher beschäftigen.
2. Beschreibe die Gefühlswelt Mottes mit drei Adjektiven. Erkläre diese in je einem Satz anhand eines Beispiels.

Aufgabe

a) Lies den folgenden journalistischen Text. Markiere Einzelheiten, die du mit der Figur Motte in Verbindung bringen kannst.

Chaos im Kopf! Warum das Hirn verrückt spielt[1]
Simone Müller

[...] Das Gehirn gleicht während der Pubertät einer großen Baustelle. Wenig genutzte Nervenverbindungen werden gekappt, wichtige Verbindungen zu „Informations-Autobahnen" ausgebaut. So sortiert sich das Gehirn komplett neu, wird leistungsfähiger und schneller. Der präfrontale Kortex lässt uns vernünftig und überlegt handeln – eigentlich. Nicht so in der Pubertät: Die Umbaumaßnahmen dauern dort am längsten, und alle Informationen müssen die Umleitung über den Mandelkern nehmen. Der steuert Bauchentscheidungen – und sorgt so dafür, dass man während der Pubertät wegen jeder Kleinigkeit explodiert.

Andere brauchen den noch größeren Kick: fahren darum mit dem Fahrrad eine Treppe runter oder trinken so viel Bier, bis sie irgendwann doppelt sehen. Das Gehirn von Jungen und Mädchen nimmt während der Pubertät Gefühle und Erlebnisse nämlich nicht mehr so stark wahr wie noch in der Kindheit. Reichte damals der Sprung vom Drei-Meter-Brett aus, um sich mutig zu fühlen, werden jetzt die Ansprüche höher und auch die Bereitschaft, echte Risiken einzugehen. In keinem anderen Lebensabschnitt passieren daher mehr Unfälle als in der Pubertät.

Aber manchmal geschieht auch das Gegenteil – und Mädchen und Jungen ziehen sich komplett zurück. Sie werden traurig, sind völlig überfordert von den vielen Veränderungen. Ganz gleich, wie man die Pubertät erlebt, dieses Niemandsland zwischen Kindheit und Erwachsensein – seltsam, komisch und ein bisschen schwierig ist es wohl irgendwie immer, für alle. [...]

b) Fasse die folgenden Textstellen in Stichworten zusammen, die einen Zusammenhang zu deinen Markierungen aufweisen.

S. 24, Z. 24 f.: ______

S. 26, Z. 14–28: ______

S. 127, Z. 1–2 und S. 147, Z. 14–24: ______

S. 149, Z. 9–13: ______

S. 156, Z. 5–17: ______

S. 209, Z. 16–25: ______

S. 237, Z.4–7: ______

S. 250, Z.16 ff.: ______

1 Auszug aus: Simone Müller, *Pubertät: Wenn Kopf und Körper erwachsen werden.* Erschienen in GEOLINO EXTRA Nr. 28/11 – Liebe: Wenn die Gefühle Achterbahn fahren. GEO, Hamburg 2011. https://www.geo.de/geolino/mensch/4408-rtkl-pubertaet-wenn-kopf-und-koerper-erwachsen-werden (03.08.2022).

Musik: Einfluss und Bedeutung

Mögliche Aufgabe im Stil der Prüfung
Der einzige Streit zwischen den Freunden Bogi und Motte entzündet sich ausgerechnet am Musikgeschmack. Erkläre den Hintergrund dieser Auseinandersetzung.

Aufgabe 1

a) Deute folgende Zitate, die sich auf Motte und die Rolle der Musik in seinem Leben beziehen.

„Die Auswahl der Musik bestimmte also darüber, wie ich mich in den nächsten Wochen fühlte.“
S. 182, Z. 20 f.

„Die Musik tat gut. Musik wollte nichts von mir. Sie war einfach so da und legte sich um mich herum.“
S. 55, Z. 24–26

Deutung:

Deutung:

b) Welche Bedeutung hat die „Rockworld“-Plastiktüte als Schultasche (S. 182)?

Aufgabe 2

a) Recherchiere im Internet die Lyrics und eine Übersetzung von *Blackbird* (McCartney/Lennon). Fasse den Inhalt zusammen.

b) Recherchiere auch den Entstehungshintergrund von *Blackbird*.

c) Nenne zwei Gründe, weshalb dieser Titel zu Bogis Trauerfeier passt.

d) Notiere das Zitat der letzten Seite des Romans, das sich auf diesen Text bezieht.

e) Verbinde es mit den fünf Phasen der Trauer. (► S. 53 in diesem Schülerarbeitsheft)

Merkmale des Erzähltextes

Dieser lange Erzähltext ist ein Roman. Aufgrund des Alters des Protagonisten Morten trifft auch der Begriff **Jugendroman** zu. Auf den folgenden Seiten lernst du die **Merkmale und den Aufbau von Erzähltexten allgemein und speziell dieses Romans** kennen. Dazu gehören der **Aufbau** und die **Erzählform**, die du auch von anderen epischen Texten her kennst (z. B. **Erzähler, Erzählperspektive**). Weitere Teilkapitel umfassen den **sprachlichen Humor** der Hauptfigur **sowie Stilmittel und grammatische Besonderheiten**. Diese können dir für produktive Schreibaufgaben wie Brief, Tagebuch, innerer Monolog, Dialog oder Monolog/Rede wichtige Hinweise liefern.

Kennzeichen des Romans

Aufgabe

a) Romane können chronologisch aufgebaut sein, indem die Handlung dem zeitlichen Ablauf folgt. Ist der Roman *Blackbird* ebenfalls in einer logischen zeitlichen Abfolge aufgebaut? Begründe.

☐ ja ☐ nein ☐ teils/teils

Begründung: ______________________

____

b) Betrachte die folgenden Grafiken. Wähle diejenige aus, die deiner Ansicht nach Ähnlichkeit mit der Bauform des Romans *Blackbird* aufweist und beschreibe sie.

Begründung: ______________________

____

c) Welche/-r Begriff/-e trifft/treffen für die Gestaltung des Aufbaus zu?

☐ Patchwork ☐ Gewebe ☐ Montage ☐ Geflecht ☐ Fadenspiel ☐ Netzwerk ☐ Knäuel

d) Arten von Romanen werden auch nach ihrem inhaltlichen Schwerpunkt bezeichnet. *Blackbird* kann als Adoleszenzroman bezeichnet werden, da es um die Zeit der persönlichen Reifung und des Erwachsenwerdens geht. Hierzu gehören Krisen. Nenne die Themen für Mortens Krise.

____

____

e) Inwiefern erkennt Morten Anzeichen fehlender persönlicher Reife im Verhalten seines Vaters? Nenne passende Stichworte. Warum hätte er einen verlässlichen Vater gebraucht?

____

____

f) An welcher Stelle des Textes siedelst du den Höhepunkt der Handlung an?

____

____

Die Erzählform

Beispiele für Aufgaben im Stil der Prüfung
1. Beschreibe die Erzählform und die Erzählperspektive des Romans *Blackbird*.
2. Matthias Brandt verwendet ein ungewöhnliches Medium in diesem Roman. Benenne es und gib einen möglichen Grund für dieses Bauelement an.

Aufgabe 1

a) Fülle die Lücken der Grafik mit folgenden Begriffen:
Außenwahrnehmung ohne Innensicht, Überblick und Einblick in alles, Denken und Fühlen ***einer*** *Figur.*

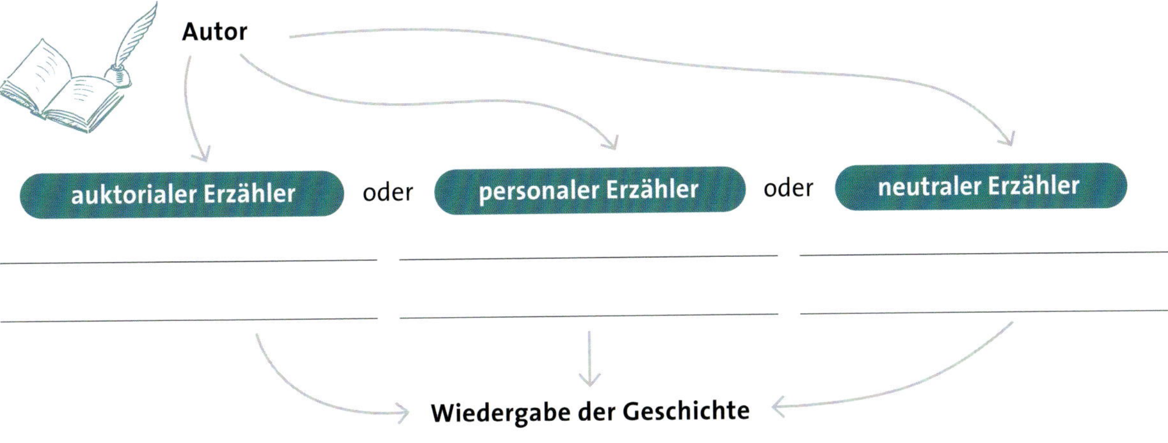

b) Notiere an den unteren Pfeilen die jeweils passenden Besonderheiten:
Distanz wie Kamera, Blick einer Figur, Eingriffe in den Handlungsverlauf

Aufgabe 2

a) Wer erzählt die Geschichte im Roman *Blackbird*?
- Welche unterschiedlichen Textsorten werden verwendet? Woran erkennst du sie?
- Ordne die Art des Erzählers (vgl. Aufgabe 1) und die Erzählform (Ich- oder Er/Sie-Erzählform) ein.

b) Nenne Vorteile und Nachteile dieser Erzählform. Begründe mit Beispielen.

c) Mit welchen Mitteln unterstützt der Autor die zeitlichen Bezüge und die Gliederung der Erzählung?

Mottes Sprachwitz

Beispiele für Aufgaben im Stil der Prüfung
1. Beschreibe Mottes Vorliebe für das Fach Deutsch und Sprache allgemein. Nenne zwei Beispiele.
2. Motte urteilt oft hart über andere. Nenne jeweils zwei Beispiele und die Figur, auf die er sich mit den „Spitznamen" bezieht.

Aufgabe 1
Notiere hinter den folgenden Schimpfwörtern und teils vulgären Spitznamen, wen Motte damit meint. Finde jeweils eine Erklärung, warum er diese Bezeichnung verwendet.

Bezeichnung	gemeinte Figur	Mottes Absicht (Erklärung)
„Holzhupe" (S. 66)		
„Knalltüte" (S. 80 und S. 105)		
„Pimmelberger" (S. 129)		
„brutale Sau" (S. 133)		
Neandertal-Klaus (S. 151)		
„Sackfresse" (S. 222)		
„Elvis" (S. 240, 246)		
„Klugschiss" (S. 248)		

Aufgabe 2
a) Motte findet oft witzige Ausdrucksweisen für ernste Sachverhalte. Nenne drei Beispiele.

b) Motte besucht Bogi zum ersten Mal. Was sagt er zu Bogi und wie empfindet er seine Worte?

Sprachliche und stilistische Mittel

Beispiele für Aufgaben im Stil der Prüfung

1. Nenne drei auffällige sprachliche Merkmale in Bezug auf Satzbau und Grammatik, die die Eigenschaften der Hauptfigur Motte widerspiegeln.
2. Was meint Motte mit „Wörterzeug" (S. 84, Z. 26) und „Wörtersucherei" (S. 76, Z. 9)? Beschreibe seine sprachlichen Neigungen.
3. Dialekte, Fremdsprachen und unverständliche Sprachfetzen werden häufig eingesetzt. Nenne fünf Beispiele.

Die Ich-Erzählform erzeugt verschiedene Wirkungen: Leser/-innen fühlen sich einerseits in die Figur Motte hineinversetzt. Gleichzeitig entsteht durch verschiedene sprachliche Mittel der **Eindruck gesprochener Sprache (Mündlichkeit)** – als ob der Ich-Erzähler einen **Erzählbericht an ein Gegenüber** richten würde, das nicht antwortet. Matthias Brandt schafft dieses kreative Element durch sprachlich knappe **Kommentierungen, Selbstvergewisserungen und „Blödeleien"** des Protagonisten. Er lässt Motte, den „Wort-Liebhaber", quasi **sprechdenken** – also plappern, plaudern, aber auch hadern, philosophieren und räsonieren.

Aufgabe

a) Ordne folgenden Zitaten einen erklärenden Begriff des Begriffspools zu. Trage die entsprechende Nummer hinter dem Zitat ein.

„»Kassaplancka«" (S. 7, Z. 19) ____, „»Blackbirdfielder«" (S. 8, Z. 23) ____, „»Brachtgubbi«" (S. 17, Z. 3) ____, „ohne Quatsch jetzt." (S. 18, Z. 27) ____, „Ernsthaft." (S. 19, Z. 8) ____, „Super Name." (S. 21, Z. 9) ____,Teddy „Lucky" (S. 27, Z. 23) ____, „Egal." (S. 28, Z. 24) ____, „»runnä«" (S. 44, Z. 12) ____, „[...] einen Punkt oder ein Fragezeichen?" (S. 50, Z. 9 f.) ____, „Idiotenapostroph" (S. 54, Z. 15) ____, „»Bongschuur, Mott«" (S. 78, Z. 4) ____, „Meine Firma, Familie Schumacher" (S. 100, Z. 22) ____, „*»Antilopen«*", „*»Lopen«*" (S. 102, Z. 1–2) ____, „»Mate«", „Maid" (S. 115, Z. 26, 28) ____, „Sackgesichtshausen" (S. 127, Z. 13) ____, „Weitfortistan"" (S. 129, Z. 11) ____, „[...] als hätte er einen Furz gefrühstückt." (S. 135, Z. 30) ____, „The room formerly known as [...]" (S. 148, Z. 16) ____, „Birke, Amsel, Birch, Blackbird." (S. 145, Z. 8 f.) ____, „Sitzlimbo" (S. 155, Z. 17) ____, „»Knörz«" (S. 163, Z. 9) ____, „Morten Falb Schumacher" (S. 163, Z. 16) ____, „Ich-Ich und ein Fahrrad-Ich" (S. 163, Z. 23) ____, „verunglimpfen", „verglimpfen", „»Riesenglimpf«" (S. 183, Z. 20–23) ____, „[...] aber ihr Geodreieck wirds nicht gewesen sein." (S. 218, Z. 25 f.) ____, „»Ragazzi«", (S. 220, Z. 11) ____, „Krepps", „Krepps Suzette" (S. 221, Z. 8) ____, „Eulenspiegeleier" (S. 223, Z. 7) ____, „»Hamsää-fääl-daa, Bäck-ööd-iel-daa!«." (S. 239, Z. 20) ____, „Dieter. Bitte. Sprich. Den Satz. Zu Ende." (S. 274, Z. 21) ____

Begriffe für sprachliche und stilistische Besonderheiten

1. Aussprache (witzig: übertrieben und/oder falsch)
2. Albernheit bzw. Blödelei
3. Ein-Wort-Sätze
4. Grammatik (über Sprache nachdenken)
5. Ironie
6. Kommentierungen (auch Füllwörter)
7. Spiel mit Dialekt (Hessisch)
8. Sprachtick Englisch
9. Sprachtick Französisch
10. Sprachtick Italienisch
11. Sprachspiele
12. sprechende Namen
13. Wortneuschöpfung (Neologismus)
14. Wortbedeutung (darüber nachdenken)
15. witzige Vergleiche

b) Finde eigene Beispiele für Wörter, die du in einer produktiven Schreibaufgabe verwenden könntest. Bedenke, dass nur Motte, Bogi und Steffi das Talent und die Sensibilität dafür haben.

Aufgaben im Stil des Prüfungsteils A2

Der **Prüfungsteil A2** besteht aus **Aufgaben zum Textverständnis** und einem **produktiven Schreibauftrag**. Er wird mit insgesamt 25 Punkten bewertet. Davon entfallen 15 Punkte auf den produktiven Schreibauftrag, also mehr als 10 % der Gesamtpunktzahl. Während der Prüfung steht dir deine eigene Ausgabe des Romans *Blackbird* von Matthias Brandt zur Verfügung. Daher ist eine gründliche und übersichtliche **Bearbeitung des Romans** im Voraus entscheidend. Diese Textarbeit ist dir bei der Bearbeitung der Aufgaben sehr hilfreich, da du so einen besseren **Überblick über die Handlung** hast und Textstellen schneller wiederfinden kannst. **Handschriftliche Notizen und Farbmarkierungen sind daher besonders wichtig!** Fragen mit Antworten oder Aufsatzbeispiele dürfen hingegen nicht eingetragen werden. Die Lektüren werden vor der Prüfung durch die Lehrkräfte kontrolliert.

Aufgaben zum Textverständnis

Tipps zur Bearbeitung der Aufgaben zum Textverständnis:

- → Lies die Aufgaben sorgfältig durch.
- → Markiere den Operator in der Aufgabenstellung. Damit sind die Arbeitsaufträge gemeint, z. B.: *nenne, schreibe auf, notiere, gib an, erläutere, erkläre, deute, beschreibe, charakterisiere, fasse zusammen, skizziere, verfasse* usw.
- → Wichtig ist die sprachliche und stilistische Vorgabe, die du aus folgenden Angaben herauslesen kannst: *formuliere in eigenen Worten; mithilfe von Zitaten; zitiere* usw.
- → Achte ebenfalls auf weitere Anforderungen, z. B. in welchem Umfang du antworten sollst: *in einer bestimmten Zahl ganzer Sätze; einer angegebenen Zahl von Stichworten* usw.
- → Die Zahl der zu vergebenden Punkte kann dabei eine Hilfe sein, z. B. *drei Punkte bei sechs Stichworten*.
- → Achte darauf, Namen und Orte richtig und vollständig zu schreiben.

Schau dir folgendes Beispiel an:

Erläutere	vier Gründe,	die	Motte	davon	abhalten, Bogi häufiger zu besuchen.
ausführlich darlegen	Zahl/Aspekte		Bezug Figur		Thema

Aufgaben

1. Löse die Beispielaufgabe. (3 P.)

2. Nenne vier Erlebnisse, die Bogi und Motte verbinden. (2 P.)

3. Nenne zwei Beispiele für unterschiedliche Auffassungen zwischen Bogi und Motte. (2 P.)

4. Beschreibe zwei Gründe, warum Motte das Beispiel mit der contergangeschädigten Ricarda Hummel erzählt. (S. 28) (2 P.)

5. „Irgendwie fühlte sich mein ganzes Leben in letzter Zeit so an, als ob ein riesiges »Aber« vom Himmel gefallen wäre." (S. 57, Z. 21–23) Deute diese Aussage und zeige mögliche Ursachen für diese Empfindung auf. (mindestens drei Sätze) (3 P.)

6. Beschreibe die Veränderungen im Verhältnis zwischen Motte und Bogi an drei Situationen. Beziehe dabei auch Bogis Umgang mit seiner Krankheit mit ein. (3 P.)

7. Motte urteilt oft sehr emotional über seine Mitmenschen. Zeige anhand dreier Figuren, dass er zu hart, zu positiv oder oberflächlich und auch zutreffend denkt. (3 P.)

8. Deute den letzten Satz des Romans im Gesamtzusammenhang. (drei Aspekte) (3 P.)

9. Warum ist der Wein *Amselfelder* für Bogi im Krankenhaus so wichtig? Erläutere auch die Bedeutung des Weines für den Handlungsverlauf. (drei Aspekte) (3 P.)

10. Beschreibe die Zusammenhänge des Titels *Blackbird* mit dem Romaninhalt. (drei Aspekte) (3 P.)

Übersicht über produktive Schreibformen

Der Roman *Blackbird* ist eine Ich-Erzählung. Du erfährst sowohl die äußere als auch die innere Handlung aus der Perspektive der Hauptfigur Motte. **Produktive Schreibformen** müssen zum einen zu den Figuren und deren Verhalten im Roman passen. Vor allem aber sollten sich diese Aufgaben logisch aus dem Zusammenhang ergeben. Dabei darfst du **nichts hinzuerfinden**, was nicht vom Autor in irgendeiner Weise erwähnt, angebahnt oder aus dem Kontext vorstellbar ist. Also: keine Fantasie-Elemente, neue Figuren usw. Mit etwas Gespür findest du selbst sogenannte **Leerstellen** heraus, die geradezu einladen, eine Sichtweise, eine Situation, ein Problem zu vertiefen. Das hat mit **Handlungslogik** zu tun. Diese kannst du nachvollziehen, wenn du den Roman intensiv bearbeitet hast.

Brief

zum Beispiel:
- Frau Schnellstieg an Motte
- Motte an Frau Schnellstieg
- Motte an Frau Standfuss

Gespräch

zum Beispiel
- Motte mit Dr. Siedler
- Motte mit Steffi
- Mottes Mutter mit Motte
- Motte mit Günter Reuser
- Motte mit Bogis Opa
- Walki mit Jan

Tagebucheintrag

zum Beispiel:
- Motte in der Klinik für Steffi
- Steffi während Mottes Klinikaufenthalts

Monolog/Rede

zum Beispiel
- Motte am 1. Gedenktag
- die Clique und Steffi zum 1. Gedenktag

innerer Monolog

zum Beispiel:
- Bogi, bevor er Motte von zu Hause aus anruft
- Motte in der Therapie
- Motte nach der Trauerfeier
- Steffi während des Therapieaufenthalts
- Mottes Mutter nach dem Vorfall im Freibad

Beispielthemen

1. Motte schreibt nach der Trauerfeier einen Beileidsbrief an Frau Schnellstieg. Darin erklärt er sein Verhalten und die Vorgeschichte dazu. Schreibe diesen Brief. (ca. 250 Wörter)

2. Im Therapiezentrum denkt Motte über vieles nach. Er beginnt, für Steffi ein Tagebuch zu schreiben. Schreibe diesen ersten Tagebucheintrag. (ca. 250 Wörter)

   Liebe Steffi, oder besser: liebe Klapsmüllerin?

   Jetzt spreche ich mal Klartext mit dir. Na ja, sprechen? Aber du weißt ja, ich schreibe, wie mir das Sprechwerkzeug gewachsen ist. (...)

3. „Egal, wenns gar nicht anders ging, drückte ich denen eben einen Zettel in die Hand. Ich glaube, Steffi war manchmal traurig deswegen [...].“ (S. 254, Z. 23–25)
   Nach einem solchen Besuch denkt Steffi über die ganze Situation nach. Schreibe den inneren Monolog. (ca. 250 Wörter)

Erarbeitung eines Beispiels

Aufgabe 1
Lies die folgende Aufgabe. Unterstreiche in der Aufgabenstellung folgende Angaben:
Die Ausgangssituation (Zeitpunkt, Rahmen), die sprechenden Figuren, die Textsorte und den Adressaten.

SCHREIBAUFGABE 3 – Mottes Rede und die Grußworte von Walki, Jan und Steffi

Motte, Walki, Jan und Steffi treffen sich im Mai 1979, als sich Bogis Todestag zum ersten Mal jährt. Motte hält die Gedenkrede für Bogi, zu der er bei der Trauerfeier nicht in der Lage war. Daran schließen sich Grußworte der anderen Freunde und Steffi an. Schreibe die Rede und die Grußworte. (ca. 250 Wörter)

Aufgabe 2
Notiere Stichworte, die in diesen Redebeiträgen verwendet werden sollen.

Motte	Jan	Walki	Steffi

Aufgabe 3
Überarbeite den folgenden Text und schreibe eine eigene Lösung auf ein separates Blatt. Ergänze dann Grußworte der Freunde.

Bogi, mein lieber Freund,

was du nicht sehen kannst – oder doch? Man weiß ja nie ... – ist diese kleine, aber deine Trauer-Clique mit Sonnenbrillen. Wie Mafia, wie letztes Jahr die ganze Versammlung hier. Ich seh alles noch ganz genau vor mir: Du in der Bogi-Büchse. Krasser Anblick. Hätte ich damals gesprochen, hätte es mir glatt die Sprache verschlagen. Die Sache mit der Sprache: Bogi, mein Non-Hodgkin-Bogi, ich schäme mich zu Tode. Äh, nein, das passt grade nicht! Also: hier und heute! Was war ich für ein Ober-Arschloch! Hab ich dir in der Klinik beim letzten Besuch überhaupt was gesagt? Fehlanzeige – Blackout – Blackbird ... Todesvogel? Ich war neben der Spur ... total auf Abwegen. Das wurde mir schlagartig klar, als ich sozusagen unfreiwillig eine kalte Abreibung bekam. Sage nur: Zehnmeterbrett! Nach dem Tauchgang hats mir dann die Sprache verschlagen, oder ich wollte das, oder was weiß ich. Sagen wir mal: Hirn als Space Oddity. Heute, glaub ich, weiß ich, was zählt. Der Quatsch „Die Zeit heilt ...“ bla. Nein! Bogi, du bist immer bei mir. Quatsch reden über die Wörterverteilung, über Blood, Sweat & Tears oder doch Chicago oder nee, aber nicht über die Bee Gees streiten, doch scheißegal! Du sagst mir, was im Leben wichtig ist. Immer! Ja, und dann sind dann noch die drei neben mir. Ja, und Steffi, da sag ich jetzt nix. Ohne sie? Da wär die Trauerfeier wirklich nur ein einziges Trauerspiel gewesen!

Bogi, miss you. Forever, dein Motte

Merkmale produktiver Schreibformen

Schreibform	Situation	Perspektive	Stil	Sprache	Besonderheiten
Brief/E-Mail	Länge und Art des Briefes hängen von der Situation ab.	Ich-Perspektive aus der Sicht der vorgegebenen Figur: → Was kann und will die Figur mitteilen, erreichen usw.?	Sprachebene und persönliche Beziehung beachten; passende Anrede	zeitgemäße Anrede und Wortwahl; Satzbau passt sich der Sprachebene des Absenders und des Adressaten an.	Form: Ort und Datum korrekt; Leerzeilen nach Anrede sowie vor und nach der Grußformel am Ende; Name linksbündig
Tagebuch	• große Freiheit • Schwerpunkte sind zu setzen • Privatsphäre • auch ohne Bezug zu einem Adressaten	Ich-Perspektive: → Wissen der Figur und Gefühlswelt beachten	• Alter • Charakter • Sprachebene • Erlebnisse beachten	zeitgemäße Wortwahl; Satzbau an Gefühlswelt und Schreibziel anpassen; unvollständige Sätze; Ausrufe; Anrede *(Liebes Tagebuch)* oder Überschrift; Datum	Mischform aus persönlichem Brief und innerem Monolog; in sich gehen
innerer Monolog	• subjektiv • Impuls von außen	Ich-Perspektive: → Wiedergabe einer Innensicht: Was weiß die Figur?	Beachtung der psychischen Verfassung; Alter und Charakter der Figur	zeitgemäße Wortwahl; unvollständige Sätze sind möglich; Gefühlsausbrüche usw. als Stilmittel einsetzen	intensiver Perspektivenwechsel für den Schreiber
Rede oder Monolog	• enger Zusammenhang zur Handlung und zum Sprechanlass • Unterscheidung zwischen privat/familiär und beruflich	Ich-Perspektive und/oder neutrale Perspektive: → Wissensstand der Figur	persönlicher oder sachlicher Stil: dem Anlass entsprechende Sprachebene	zeitgemäße Wortwahl; Berücksichtigung des Sprechanlasses in der Anrede	intensiver Perspektivenwechsel für den Schreiber
Gespräch	• Ort • Zeit • Anlass	Kenntnisstand der Figuren, Erfahrungen	Einfluss persönlicher „Fakten“; gefühlsbetont	zeitgemäße Wortwahl und Anrede; teils auch unvollständige Sätze je nach Gefühlslage; Form wie eine Szene im Drama; (eher wenige) Regieanweisungen	Gesprächspartner gehen aufeinander ein, tabellarische Form (wenn überhaupt: Regieanweisungen in Klammern)